शिरडी के

साईं बाबा

सद्‌गुरु साईं एक शाश्वत प्रकाशधारा के समान हैं, जो सबके हृदयों को प्रकाशित करती आ रही है। वे करुणा के अक्षय स्रोत हैं, जिनके चरणों में संसार के हर प्राणी के लिए असीम संभावनाएँ हैं। श्रद्धा व सबूरी के गुरुमंत्र का उपदेश देनेवाले साईं ने न केवल भक्तों की आध्यात्मिक प्रगति का मार्ग प्रशस्त किया, अपितु सदैव उनकी भौतिक परिस्थितियों में भी सहायक रहे। सब भक्त उनके श्रद्धा व सबूरी के मंत्रों को अपने जीवन में उतार पाएँ तो निश्चित रूप से यह धरा स्वर्ग का रूप ले लेगी।

शिरडी के साईं बाबा

रचना भोला 'यामिनी'

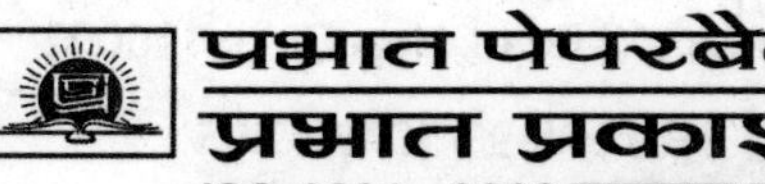

प्रभात पेपरबैक्स
प्रभात प्रकाशन
ISO 9001 : 2008 प्रकाशक का उद्यम
www.prabhatbooks.com

प्रकाशक

प्रभात पेपरबैक्स

प्रभात प्रकाशन प्रा. लि. का उपक्रम

4/19 आसफ अली रोड, नई दिल्ली–110002

फोन : 23289777 • हेल्पलाइन नं. : 7827007777

इ–मेल : prabhatbooks@gmail.com ❖ वेब ठिकाना : www.prabhatbooks.com

संस्करण

2021

मूल्य

दो सौ रुपए

मुद्रक

नरुला प्रिंटर्स, दिल्ली

———— ★ ————

SHIRDI KE SAI BABA

by Rachna Bhola 'Yamini'

Published by **PRABHAT PAPERBACKS**

An imprint of Prabhat Prakashan Pvt. Ltd.

4/19 Asaf Ali Road, New Delhi-110002

ISBN 978-93-5048-426-5

₹ 200.00

साईं के पावन चरणों में
विनीत श्रद्धांजलि...

तुम्हारा हृदय मेरा घर है

सर्वधर्म सद्‌भाव के प्रेरक साईं बाबा ने अपने भक्तों के लिए यही तो कहा है। वे कहते थे—"तुम्हारा हृदय ही मेरा घर है।" मैं तुम्हारे अंतःकरण में निवास करता हूँ। तुम इस संसार में कहीं भी जाओ, मैं हर स्थान पर तुम्हारे साथ ही जाता हूँ, अतः स्वयं को मुझसे भिन्न मत जानो। धन्य और सौभाग्यशाली वही हैं, जो मेरे सर्वव्यापी रूप से परिचित हैं।"

साईं सबके भीतर विराजमान हैं। साईं का अपने भक्तों से ऐसा अटूट नाता है, जो जन्म-जन्मांतर तक बना रहता है। वे माता, पिता, सखा, गुरु व अभिभावक के रूप में हर क्षण अपने भक्तों के साथ हैं। साईं की लीला न्यारी है। यदि उन्हें अपने हृदय में विराजमान करना हो तो अपने अंतःकरण को लोभ, मोह, माया, क्रोध आदि विकारों से मुक्त करना होगा। हृदयरूपी बगिया में प्रेमरूपी पुष्प खिलाने होंगे। साईं की प्रतिमा को शुद्ध व पवित्र अंतःकरण में प्रतिष्ठित करने के पश्चात् ही उनके अलौकिक रूप व छटा का पान किया जा सकता है। सर्वभूतों में व्याप्त साईं सकल जगत् से नाता रखते हैं। तभी तो सभी धर्मों के अनुयायी उन्हें पूरी श्रद्धा व आस्था के साथ पूजते हैं, फिर भले ही वे हिंदू हों या मुसलमान।

साईं बाबा ने संसार को सिखाया, "हम सब ऋणानुबंध के कारण ही मिले हैं, अतः परस्पर प्रेमभाव से मिलना चाहिए। द्वार पर आए याचक को यथायोग्य भोजन व आश्रय प्रदान करना चाहिए। यदि इस स्थिति में न हों तो भी उसका अनादर कभी न करें। ईश्वर सर्वशक्तिमान है। उनकी कार्यप्रणाली अनमोल, अलौकिक व कल्पनातीत है। वे जो चाहते हैं, वही होता है।"

साईं ने हमें श्रद्धा और सबूरी नामक दो मंत्र दिए और कहा कि इन्हें अपनाने वाला भवसागर से पार हो जाता है। वे समाज में व्याप्त धार्मिक कट्टरता को दूर

करना चाहते थे, इसलिए उन्होंने कहा 'सबका मालिक एक'। यदि आज धर्मांधता के युग में साईं के इस वचन का पालन किया जाए तो मानव जाति को अनावश्यक रक्तपात और हिंसा से बचाया जा सकता है। इसके द्वारा चिरप्रतीक्षित विश्व-शांति का मार्ग भी पाया जा सकता है।

प्रस्तुत पुस्तक में साईं बाबा के जीवन-दर्शन व संदेशों को सरल व बोधगम्य भाषा-शैली में भक्तजनों के समक्ष प्रस्तुत करने का विनम्र प्रयास किया गया है। प्रारंभिक पाँच अध्यायों में हम बाबा के जन्म संबंधी उस वृत्तांत को जानेंगे, जो पुट्टापर्थी के दिवंगत सत्य साईं द्वारा दिया गया था, अन्यथा बाबा के जन्म व माता-पिता आदि के विषय में कहीं से भी कोई प्रामाणिक जानकारी नहीं मिलती। अपने जीवनकाल में साईं ने कहीं-कहीं अपने जन्म व उसके बाद के समय का उल्लेख भर किया है, परंतु उससे हमारी जिज्ञासा पूर्ण रूप से शांत नहीं होती।

हेमाडपंत कृत 'साईं सच्चरित्र' को बाबा की प्रामाणिक जीवनी माना जाता है, परंतु वे भी एक किशोर फकीर के रूप में शिरडी में प्रथम आगमन से ही बाबा के विषय में बताते हैं। सत्य साईं ने बाबा को शिव का अवतार कहा और उनके जन्म तथा पालन-पोषण करनेवाले माता-पिता व विद्यादान करनेवाले गुरु की जानकारी दी। महान् विभूतियों के जीवनकाल व शिक्षाओं का वर्णन ही पर्याप्त होता है, परंतु हमने पाठकों के कौतूहल को शांत करने के लिए इस जानकारी को भी शामिल किया है।

आगामी अध्यायों में हमें साईं के जीवन के प्रत्यक्ष दर्शन होते हैं। साईं के जीवनकाल में जो लोग उनके साथ रहे, जिन्होंने साईं को बहुत ही निकट से देखा व जाना, वे भावप्रवण शब्दों में उनका वर्णन करते हैं—शिरडी में उनका आगमन, ग्राम-निवासियों की भोली श्रद्धा और कपटी लोगों के बीच साईं की अनूठी जीवनशैली, उनके संदेशों का प्रचार, अभूतपूर्व व अलौकिक चमत्कारों की गाथा, भभूत की महिमा, प्रबुद्ध वर्ग के बीच बाबा की प्रतिष्ठा, अहंकार खंडन के प्रसंग आदि।

इस प्रकार शिरडी एक साईंधाम में बदल जाती है, जहाँ आकर भक्तों की मनोकामनाएँ पूर्ण होती हैं। साईं के स्नेह में बँधे भक्त उनकी भक्ति व शक्ति रूपी सरिता में आकंठ स्नान करते हैं। असाध्य रोगों से ग्रस्त रोगी बाबा की कृपा का परस पाकर रोगमुक्त हो जाते हैं। नि:संतान माताओं की गोद भरती है तो आध्यात्मिक ज्ञान-पिपासुओं की पिपासा शांत होती है। करुणामयी साईं की दृष्टि से कुछ भी तो नहीं छूटता। यहाँ तक कि आसपास का वनस्पति जगत् व जीव भी उनके स्पर्श से धन्य हो उठते हैं।

बाबा के उपदेश आज भी जनमानस को प्रभावित करने की क्षमता रखते हैं—दिन-प्रतिदन साईं धाम शिरडी में श्रद्धालुओं की बढ़ती भीड़ इस तथ्य की साक्षी है। साईं ने सदैव सत्य का प्रतिपादन किया और धार्मिक आडंबरों व कट्टर रूढ़ियों में उलझे समाज को एक नई दिशा दी।

भले ही आधुनिक विचारधारा में पले बुद्धिजीवी बाबा की चामत्कारिक व अलौकिक शक्तियों पर संदेह व्यक्त करें, किंतु इतना तो निश्चित रूप से कहा जा सकता है कि साईं के विषय में प्रचलित बातें व प्रसंग असत्य नहीं हैं। कतिपय महापुरुष परलोक सिधारने के बाद भी किसी-न-किसी रूप में अपनी उपस्थिति दरशाते हैं और देहविहीन अस्तित्व के साथ ही लोककल्याण में निरत रहते हैं।

पुस्तक लेखन के लिए जिन सुधी लेखकों की रचनाओं का प्रत्यक्ष अथवा अप्रत्यक्ष सहयोग रहा, उन सबके प्रति आभार। अपने परिवार के सदस्यों के प्रति आभार व्यक्त करने को मेरे पास शब्द नहीं हैं, उन सब पर साईं की अनन्य कृपादृष्टि बनी रहे। प्रस्तुत पुस्तक संभवत: उनकी सद्प्रेरणा का ही सुफल है। साईं चाहते थे कि मेरी कलम से उनकी जीवनगाथा लिखी जाए, इसलिए उन्होंने मुझे इस विषय पर लेखनी चलाने की क्षमता प्रदान की। पाठक भी उनकी पावन गाथा से जीवन के कुछ गूढ़ सत्य पा सकें तो मुझे गौरव की अनुभूति होगी।

—रचना भोला 'यामिनी'

अनुक्रमणिका

गंगा व देवगिरि अम्मा

यद्यपि बाबा की प्रामाणिक जीवनी 'श्रीसाईं सच्चरित्र' से हमें उनके जीवन और माता-पिता के विषय में पूरी जानकारी नहीं मिलती, किंतु सत्य साईं बाबा ने उनके विषय में जो जानकारी दी है, मैं वही अपने पाठकों को बताना चाहूँगी।

कहते हैं कि महाराष्ट्र के मनमाड जिले के छोटे से गाँव में गंगा नामक माझी अपनी पत्नी देवगिरि अम्मा के साथ रहता था। एक रात गाँव में प्रचंड आँधी-तूफान आया। पेड़-पौधे टूट-टूटकर गिरने लगे। भारी गर्जना के साथ बिजली चमक रही थी और गंगा की चिंता का पारावार न था। सारा गाँव अपने घरों में दुबका था।

गंगा को चिंता थी कि वह घाट से आते समय, अपनी नाव को कच्ची रस्सी से बाँध आया था। उस समय तो मौसम के खराब होने के दूर-दूर तक कोई आसार नहीं थे। अचानक ऐसी वर्षा आरंभ हुई कि नदी में बाढ़ आने की नौबत आ गई। अब उसे यही डर सता रहा था कि कहीं कच्ची रस्सी टूट गई तो हरहराते पानी में थपेड़े खाती उसकी नाव जाने कहाँ निकल जाएगी। वही नाव तो उसके परिवार के भरण-पोषण का एकमात्र सहारा है। भले ही परिवार में पति-पत्नी दो ही जन हैं, कोई संतान नहीं हैं, किंतु परिवार का पेट भरने का साधन तो चाहिए ही।

देवगिरि ने पति के माथे पर चिंता की रेखाएँ देखकर पूछा, ''स्वामी! आप इतने व्याकुल क्यों हैं? प्रकृति तो अपना धर्म निभा रही है। उसे तो समस्त सृष्टि का कल्याण देखना है, इसलिए वह उचित समय पर वर्षा करती है, सूरज अपनी किरणों से आग उगलता है और चंद्रमा अपनी शीतल किरणों से अँधियारी रात को जगमगा देता है।''

''नहीं! मुझे इस वर्षा पर कोई रोष नहीं। दरअसल, भूल तो मेरी ही है। मैं अपनी नाव को कच्ची रस्सी से बाँध आया हूँ। यदि वह खुल गई तो कल खोजने पर भी उसे नहीं पा सकूँगा। मुझे उसे सँभालने के लिए जाना ही होगा।''

देवगिरि पति को उस मौसम में घर से बाहर भेजना नहीं चाहती थी, किंतु और कोई उपाय भी तो नहीं था।

गंगा व देवगिरि का जीवन बहुत ही सरल था। निःसंतान पति-पत्नी बड़े ही धार्मिक स्वभाव के थे। दोनों प्रतिदिन मंदिर जाते और रात को सोने से पूर्व भगवद् कथाओं का श्रवण करते। उनके जीवन में केवल संतान का ही अभाव था। भले ही आय के स्रोत अधिक नहीं थे किंतु संतोषी पति-पत्नी उसी में अपना निर्वाह कर लेते और द्वार पर आए अतिथि को भी कभी भूखा न जाने देते।

गंगा को गए काफी समय बीत गया तो देवगिरि के मन में तरह-तरह की शंकाएँ सिर उठाने लगीं। यह मनुष्य का स्वभाव है कि विपरीत परिस्थितियाँ आते ही मन में नकारात्मक विचार पहले आते हैं। कड़कते मेघों की गर्जना के बीच देवगिरि का मन पति की सलामती के लिए व्याकुल हो उठा। उसने घबराकर अपने इष्ट का मंत्रजाप आरंभ कर दिया। इतने में दरवाजे पर खटखटाहट सुनाई दी। वह झट से बाहर की ओर लपकी। द्वार खोला तो पति के स्थान पर बारिश से भीगा-काँपता एक साधु दिखाई दिया। वृद्ध साधु के चेहरे पर दया व करुणा के भाव थे। वह बोला, "माँ! इस वर्षा में किसी ने भी अपने घर में आश्रय नहीं दिया। हर दर से दुत्कारा गया हूँ। यदि तुमने भी इनकार कर दिया तो शायद यह वृद्ध व अशक्त शरीर सह नहीं पाएगा।"

देवगिरि के मन में पहले तो संकोच हुआ। पति घर पर नहीं थे, उसने सोचा, ऐसे में आधी रात को किसी परपुरुष को घर में आश्रय देना ठीक होगा क्या? किंतु अगले ही पल उसने स्वयं ही अपनी दुविधा को निकाल फेंका। द्वार पर आया अतिथि ठंड से काँप रहा है और वह करणीय-अकरणीय के प्रश्न में उलझी है। उसने प्रणाम कर कहा, "बाबा! आप यहाँ चारपाई पर विराजें। मैं आपके लिए सूखे वस्त्र लाती हूँ।"

देवगिरि ने बाबा को वस्त्र दिए व भरपेट भोजन करवाया। वे चारपाई पर लेटे कराह रहे थे। उसने पूछा, "बाबा! आपको क्या कष्ट है? क्या मैं आपके लिए कुछ कर सकती हूँ?"

"बेटी! सारा दिन चल-चलकर पाँवों में छाले पड़ गए हैं और भयंकर पीड़ा हो रही है।"

देवगिरि ने कुछ सोचा और भीतर से थोड़ा तेल ले आई। वह वृद्ध साधु के पाँवों की ऐसे मालिश करने लगी, मानो अपने पिता की सेवा कर रही हो। वृद्ध साधु मन-ही-मन बुदबुदाते हुए जाने कौन-कौन से आशीर्वाद दिए जा रहे थे, किंतु

देवगिरि किसी तरह के आशीर्वाद के लोभ से सेवा नहीं कर रही थी। निष्काम सेवा तो उसका स्वभाव ही था। गंगा कभी भी लौट सकता था, किंतु देवगिरि पूरी तरह से निश्चिंत थी कि सारी वस्तुस्थिति को जानने के बाद उसका पति कभी इस सेवा का अन्य अर्थ नहीं निकालेगा। वह तो स्वयं ही अतिथि-वत्सल है।

तभी खुले द्वार से एक वृद्धा का झाँकता चेहरा दिखा। देवगिरि तो भयभीत हो गई। उसने तो गाँव में उस वृद्धा को कभी नहीं देखा था। आधी रात को इतनी तेज वर्षा के बीच वह अनजान वृद्धा उसके द्वार के भीतर क्यों झाँक रही है? उसके मन का भय संभवतः साधु ने भी भाँप लिया और पूछा—

"बिटिया! क्या बात है? इतनी भयभीत क्यों हो?"

"बाबा! देखिए न, द्वार से भीतर कौन देख रहा है? मैं तो इस महिला को जानती तक नहीं।"

बाबा ने बाहर देखकर कहा, "अरे, तुम भीतर आ जाओ! यहाँ तुम्हें भी आश्रय मिलेगा। गृहस्वामिनी बहुत ही अतिथि-परायण है। देखो, कैसे बूढ़े पिता की चरणसेवा कर रही है।"

वह वृद्धा भीतर की ओर आने लगी तो साधु ने देवगिरि से कहा, "घबराओ मत, यह मेरी पत्नी है।"

वह वृद्धा भीतर आकर बोली, "धन्य हो पुत्री! जिस गाँव में कोई शरण तक देने को तैयार नहीं, उसमें तुम अनजान साधु को भोजन कराकर सेवा कर रही हो। मैं अपने पति को खोजते-खोजते यहाँ तक चली आई।"

देवगिरि उस महिला के मीठे स्वर से मोहित हो उठी व बोली, "माँ! बड़े धनभागी होते हैं वे लोग, जिन्हें माता-पिता की सेवा का अवसर मिलता है। आप भी विराजें और भोजन करें।"

उस रात साधु व उसकी पत्नी ने वहीं विश्राम किया। देवगिरि भी पति की प्रतीक्षा करते-करते सो गई। आहट सुनकर उठी तो साक्षात् भगवान् शिव और देवी पार्वती सामने खड़े थे। देवगिरि भावविभोर हो उठी। तो क्या वह जिनकी चरणसेवा कर रही थी, वे भगवान् चंद्रमौलि ही थे?

शंकर भगवान् बोले, "पुत्री! हम तुम्हारी निश्चल सेवा से प्रसन्न हुए। तुम्हारे सेवा-सत्कार ने हमारा हृदय प्रसन्न कर दिया। तुम्हें कुछ भी कहने की आवश्यकता नहीं। बिना कुछ कहे ही तुम्हारे मन की साध पूरी होगी। उचित समय आने पर तुम्हें संतान का सुख प्राप्त होगा। दो संतानों के जन्म के बाद मैं स्वयं तुम्हारे गर्भ से जन्म लूँगा।"

साथ खड़ी पार्वती भी मंद-मंद मुसकरा रही थीं। ज्यों ही देवगिरि साष्टांग करके उठी तो कमरे में उसके सिवा कोई न था। प्रभु अपनी भक्त को दर्शन देकर अपने धाम लौट चुके थे। तभी आहट सुनकर देवगिरि की तंद्रा टूटी तो देखा कि उसका पति लौट आया है। रात को घनघोर वर्षा के कारण वह घर ही नहीं लौट सका और वहीं निकट रहनेवाले मित्र के यहाँ रात काटी।

देवगिरि पहले तो पति के चरणों में झुकी और फिर बोली, ''स्वामी! आपने आने में इतना विलंब क्यों किया? यदि आप यहाँ होते तो भगवान् चंद्रशेखर व उनकी सहधर्मिणी के दर्शन कर जीवन सफल कर पाते।''

गंगा को पहले तो पत्नी की बात समझ ही नहीं आई किंतु, जब उसने विस्तार से सारा वृत्तांत सुनाया तो उसे भी विश्वास हो गया कि हो-न-हो भगवान् का वरदान मिथ्या नहीं जाएगा। उसके घर संतान का जन्म होगा और वे स्वयं उनके यहाँ पुत्र रूप में पधारेंगे। गंगा जानता था कि उसकी पत्नी कभी अनर्गल प्रलाप नहीं करती। यदि उसने सचमुच ईश्वर के दर्शन किए हैं तो वह कभी असत्य बात नहीं कहेगी।

उचित समय आने पर देवगिरि गर्भवती हुई और उसने दो जुड़वाँ पुत्रों को जन्म दिया, लेकिन दुर्भाग्य से वे चल बसे। देवगिरि और गंगा को कोई दुःख न हुआ। अब वे जान चुके थे कि ईश्वर ने उन्हें एक महान् कार्य सौंपा है और उन्हें ईश्वर की इच्छानुसार ही चलना है। गृहस्थी तो पहले की तरह ही चल रही थी, किंतु उस घटना के बाद से धार्मिक स्वभाव के गंगा के मन में जैसे कोई काँटा सा धँस गया था।

उसे यही मलाल रहता था कि जब देवगिरि को साक्षात् शिव और पार्वती ने दर्शन दिए तो उस अभागे की भक्ति में क्या खोट रह गया था उस दिन प्रभु ने उसे जान-बूझकर नाव की रस्सी बदलने घाट पर भेज दिया। यदि वे चाहते तो उसे भी दर्शन दे सकते थे। इसका अर्थ तो यही हुआ कि अवश्य ही उसके भक्तिभाव में कहीं खोट है। वह इसी संताप में जीने लगा। दिन-ब-दिन उसका मुख सूखता जाता था। देवगिरि पति के व्यवहार का अंतर देख तो रही थी, किंतु यह अनुमान नहीं लगा पा रही थी कि वह किस कारण से इतना व्यथित है।

❑

2

शिवदर्शन की अभिलाषा

शिवदर्शन की उत्कट अभिलाषा रखनेवाले गंगा के मन में बार-बार यही विचार आता था कि उसकी पत्नी आत्मिक भावों में उससे कहीं श्रेष्ठ है। धीरे-धीरे उसे यह लगने लगा कि यदि सच्चे अर्थों में प्रभु के दर्शनों का अधिकारी बनना है तो संसार की मोह-माया से निर्लिप्त रहना होगा।

एकांत में रहकर ही दैवसाधना हो सकती है। यदि वह आजीवन नाव को इस पार से उस पार ही करता रहा तो उसकी जीवनरूपी नैया कभी भवसागर से पार नहीं हो पाएगी। ऐसा एकांत तो परिवार व समाज के बीच रहकर मिलना असंभव था। घर में पत्नी थी, नित्यप्रति के कार्यों का अंबार लगा था और घर के बाहर कहीं बैठना चाहो तो पड़ोसी और परिचित आ घेरते थे। सबसे पहले यही प्रश्न पूछा जाता— 'भाई! यहाँ अकेले बैठकर क्या कर रहे हो?'

मानो एकांत में बैठना और ईश्वर का स्मरण करना कोई बहुत बड़ा अपराध हो। पहले दो पुत्रों के जन्म के बाद से तो उसे पूरा विश्वास हो गया था कि उस दिन प्रभु की चरणधूलि से ही उसका घर पवित्र हुआ था। इस तरह उनके प्रति उसकी निष्ठा-भक्ति का रंग और भी गहरा हो उठा था। वैराग्य की भावना प्रबलतम होती जा रही थी।

देवगिरि के गर्भ में तीसरी संतान आ चुकी थी। वह जानती थी कि प्रभु के कहे अनुसार यह संतान उनका ही अवतार होने वाली थी, अतः वह दिन-रात प्रभु के गुणगान में ही लीन रहती। तीसरी संतान के आगमन का समाचार पाकर गंगा भी उल्लसित हुआ, क्योंकि यह तो प्रभु के ही आगमन की सूचना थी, किंतु फिर भी वह अपनी धुन से नहीं छूट पाया।

एक दिन पति-पत्नी मंदिर में दर्शन के बाद लौटे तो देवगिरि ने गंगा की

अन्यमनस्कता का कारण पूछ ही लिया। गंगा बड़ी दुविधा में था। वह नहीं चाहता था कि उसके शब्दों का देवगिरि पर कोई गलत प्रभाव हो। वह माँ बनने वाली थी और ऐसी दशा में उसका प्रसन्न रहना आवश्यक था। पति के संसार से विमुख होने की बात जानकर तो वह निश्चित रूप से व्यथित हो जाती किंतु अब कोई और उपाय भी नहीं था। वह स्वयं दिन-रात इसी सोच में तिल-तिल जल रहा था। उस दिन जब देवगिरि ने पूछा तो उसे कहना ही पड़ा—"देवगिरि! तुमसे कुछ पूछना चाहता हूँ। बोलो, उत्तर दोगी?"

"स्वामी! आपको मुझसे कुछ पूछने के लिए अनुमति लेने की क्या आवश्यकता है? आप जो कुछ भी पूछेंगे, मैं निःसंकोच उत्तर दूँगी। हमारे बीच अचानक यह परायापन व औपचारिकता कहाँ से आ गई?"

"क्या तुम···क्या तुम प्रभु के दर्शन कर स्वयं को सौभाग्यशाली मानती हो?"

"हाँ स्वामी! उस दिन शिव-पार्वती ने दर्शन क्या दिए, मेरी जीवनधारा तो सदा के लिए बदल गई। यह सच है कि बड़ी किस्मत से उनके दर्शन का सौभाग्य मिलता है। अब मेरी कोख से वे ही जन्म लेने वाले हैं। यह सोचकर मैं मन-ही-मन मुदित होती रहती हूँ।"

देवगिरि तो अपने ही मन के उल्लास में कहती ही जा रही थी और गंगा के चेहरे के भाव जाने कैसे हो आए थे।

अचानक बोलते-बोलते देवगिरि को आभास हुआ कि पति तो उसकी बात सुन ही नहीं रहे। गंगा तो शून्य में निहार रहा था।

देवगिरि ने उसे झिंझोड़ दिया—"बात क्या है? आप तो यहाँ होकर भी यहाँ नहीं हैं। आपके मन में कैसा द्वंद्व चल रहा है? मैं आपकी पत्नी हूँ। मुझसे अपने मन की दुविधा क्यों नहीं कहते?"

गंगा ने स्वर को भरसक सँभालकर कहा, "तुम्हीं कहती हो कि बड़भागी ही ईश्वर का दर्शन पाते हैं, तो क्या मैं इस योग्य नहीं था कि मुझे भी वह सुअवसर मिलता। मेरे द्वार पर आकर प्रभु मुझे दर्शन दिए बिना लौट गए। क्या मेरी भक्ति में कहीं खोट था?"

देवगिरि को अचानक कोई उत्तर नहीं सूझा। वह मन-ही-मन शब्दों की तलाश में थी कि गंगा के अगले शब्दों ने उसे भौंचक्का कर दिया।

"मैं वन में जाकर प्रभु की साधना करना चाहता हूँ, ताकि उनके दर्शन पाने का अधिकारी बन सकूँ।"

देवगिरि ने क्षण भर बाद कहा, "स्वामी! आपका विचार तो बहुत उत्तम है, किंतु इस समय तो हम प्रभु के ही कार्य के लिए नियत हैं। मेरी कोख में पल रही संतान उन्हीं का अंश है। एक बार इसका जन्म हो जाए तो मैं भी आपके साथ वनगमन करूँगी और फिर हम दोनों एकांत में साधना करेंगे।"

गंगा तो जैसे उस दिन अपने मन की बात कहने की ठान चुका था। वह जानता था कि उसकी बात सुनकर देवगिरि पर क्या बीतेगी, किंतु अब कहने का उचित समय आ चुका था। वह बोला, "नहीं, तुम साथ नहीं चलोगी। मैं अकेले ही जाना चाहता हूँ।"

देवगिरि क्या कहती। अपलक पति का मुख ताकती रही। मानो उसे इन शब्दों पर विश्वास ही न हो रहा हो। पति के बिना तो वह जीवन में एक क्षण के लिए भी जीने की कल्पना नहीं कर सकती थी।

गंगा ने समझाना चाहा, "देवगिरि! अब मेरे मन में देवदर्शन की चाह इतनी प्रबल हो उठी है कि मुझे कुछ भी नहीं सुहाता। ऐसा लगता है कि मैं एक निष्प्राण जीवन जीए जा रहा हूँ। मनुष्य प्राय: सांसारिक बंधनों में लिप्त होकर अपने जीवन का परम उद्देश्य भूल जाता है। अब जबकि मुझे अपना उद्देश्य स्मरण आ गया है तो मुझे वहाँ तक जाने से मत रोको। मेरे पाँव में गृहस्थी की बेड़ियाँ मत बाँधो।"

देवगिरि के आँसू उमड़ पड़े—"स्वामी! हमारी संतान का क्या होगा?"

"देवि! तुम तो जानती हो कि सबके पालनहार ईश्वर हैं और फिर स्वयं ईश्वर ही तो तुम्हारी कोख से जन्म लेने वाले हैं। तुम कितनी नादान हो कि उनके पालन-पोषण की चिंता कर रही हो, जो स्वयं पूरे संसार का पालन करते हैं।"

इसके बाद देवगिरि निरुत्तर हो रही।

गंगा ने और कुछ कहे बिना वन की राह ली। देवगिरि को सुध आई तो अगला दिन चढ़ आया था। उसे अब इस वास्तविकता के साथ जीना था कि पति वन में तपरत है और वह एक संतान को जन्म देने वाली है।

उसे दिन का एक-एक क्षण काटना भारी पड़ने लगा। पहले घर के जो कार्य सहज भाव से संपन्न हुआ करते थे, वे अब पति की स्मृति बनकर दंश देने लगे। पति का सुबह घाट पर जाना, उसका भोजन तैयार करके देना, फिर संध्या समय मंदिर में दर्शन और रात के भोजन के बाद की जाने वाली भगवद्चर्चा जैसे सबकुछ आकर कहीं ठहर सा गया था।

❑

3

देवगिरि के पुत्र का जन्म

पति के वियोग में देवगिरि का जीवन पहाड़ जैसा हो गया, जो किसी भी उपाय से कटने में ही नहीं आता था। ग्रामीण जीवन बहुत ही सरल व निश्चल होता है। आसन्नप्रसवा देवगिरि को घर में अकेले देख पड़ोसिनें स्वयं ही भोजन करवा जातीं। सेवा-जतन करतीं किंतु उसकी पीड़ा व वियोग का इलाज तो किसी के पास न था। वे सब सांत्वना देने के अतिरिक्त कर भी क्या सकती थीं?

देवगिरि को हर समय यही चिंता सताती रहती कि उसके पति वन में क्या खाते होंगे? उनके रहने का क्या ठिकाना होगा? घने वन में शीतकाल बिताना कितना दुष्कर होता होगा? जब वे अस्वस्थ होते होंगे तो उनकी परिचर्या कौन करता होगा?

एक दिन जब इन्हीं विचारों का बोझ असहनीय होने लगा तो देवगिरि ने वन की ओर प्रस्थान किया। उसे केवल कुछ आभास सा था कि पति पास वाले वन की पगडंडी से गए थे। वह अनुमान के आधार पर आगे बढ़ती गई और चलते-चलते इतने घने वन में जा पहुँची, जहाँ दिन में भी सूर्यदेवता का प्रवेश निषेध था। काँटों से भरी झाड़ियों से देह छिलती जा रही थी। गर्भ के भार से दोहरी हुई देवगिरि को उस दिन किसी भी कष्ट की चिंता न थी। उसने तो पति से मिलने की ठान ली थी।

कहते हैं कि सच्चे मन से माँगी गई हर दुआ पूरी होती है। कई घंटों तक भूखे-प्यासे चलने के बाद देवगिरि को अपनी मंजिल मिल ही गई। रास्ते की थकान से हाँफती देवगिरि ने दूर से घास-फूस से बनी एक कुटिया देखी तो उसे विश्वास हो गया कि हो-न-हो, यह उसके पति की ही कुटिया है। वे ही घने वन के एकांत में तपस्या कर रहे हैं।

गंगा जिस दिन से वन में आया था, उसने तो जैसे उसी दिन से नेह की हर डोर काट दी थी। जिसे प्रभुदर्शन की लगन लग जाए उसके लिए सांसारिक बंधन

कोई मायने नहीं रखते। वह दिन-रात प्रभु के ध्यान में लीन रहता और भूख लगने पर वन के कंद-मूल खा लेता। उसे पूरा विश्वास था कि एक दिन उसकी इच्छा अवश्य पूरी होगी और भगवान् शिव उसे दर्शन देंगे।

यदि कभी पत्नी और उसके गर्भस्थ शिशु का विचार आता भी तो वह प्रभु को साक्षी मान हाथ जोड़ देता। मन-ही-मन पत्नी से क्षमायाचना करता और प्रभु से विनती करता कि उसकी अनुपस्थिति में उसका ध्यान रखें।

उस दिन सुबह से उसका मन कुछ उचाट सा था। लाख चाहने पर भी वह एकाग्र नहीं हो पा रहा था। नेत्र मूँदते ही देवगिरि का चेहरा सामने आ जाता। ऐसा तो पहले कभी नहीं हुआ था। वह तो स्वेच्छा से ही सारे मोह छोड़ आया था, फिर यह मानसिक दुर्बलता कैसी? वह स्वयं से बारंबार यह प्रश्न पूछ रहा था, किंतु कोई उत्तर नहीं मिल पा रहा था।

कुछ ही देर में क्लांत-श्रांत देवगिरि सामने से आती दिखी तो उसे अपने प्रश्न का उत्तर मिल गया। देवगिरि तो पति को देखते ही अपने मनोवेग पर नियंत्रण न रख सकी और जोर-जोर से रोने लगी। गंगा अपनी पत्नी की ऐसी दशा देख विचलित हो उठा।

देवगिरि बोली, ''स्वामी! बहुत प्रयत्न किया किंतु आपके बिना जीवन निष्प्रयोजन है। मैं क्या करूँ? एक विवाहिता स्त्री के लिए उसका पति ही सबकुछ होता है। यदि आप नहीं हैं तो मेरे गृहस्थ जीवन का भी क्या प्रयोजन? मैं किसके लिए गृहस्थी करूँ?''

गंगा बोला, ''तुम जानती हो कि मैं तो अपना जीवन शंकरजी के चरणों में समर्पित कर चुका हूँ। अब वहाँ किसी के लिए कोई स्थान नहीं रहा। यदि अगले जन्म में अवसर मिला तो हम फिर से सुखद दापंत्य जीवन व्यतीत करेंगे।''

''आप भले ही अपनी तपस्या करें, किंतु मुझे यहीं कुटिया के कोने में पड़ी रहने दें, ताकि मुझे आपकी सेवा का अवसर मिल सके।''

गंगा ने हामी भर तो दी किंतु वह मन-ही-मन इस व्यवस्था से सहमत नहीं था। उसने देवगिरि के माथे पर हाथ रखकर कहा, ''प्रिये! तुम भगवद्भक्ति की राह पर जाते पथिक की राह में बाधा मत बनो। मैं तुम्हें आश्वासन देता हूँ कि तुम्हारी आनेवाली संतान का कोई अनिष्ट नहीं होगा। जो तुम्हारे पुत्र के रूप में जन्म लेनेवाले हैं, उन्होंने पहले से ही सबकुछ निश्चित कर रखा है। जो भी हो रहा है, उसे मस्तक नवाकर, विधि का विधान मानकर स्वीकार करो। मुझे मत रोको। अब मेरी राह अलग है।''

देवगिरि अपने उमड़ते आँसुओं के बीच पति को जाते देखती रही और कुछ ही समय में वह तीव्र प्रसव-वेदना से अधमरी सी हो गई। घने वन में उसकी देखरेख करने के लिए दूर-दूर तक भी कोई न था। उसने प्रभु के आगे हाथ जोड़े और कहा, "आप स्वयं सब सँभालिए। मेरे वश में तो कुछ नहीं है।"

उसे प्रसव-वेदना के बीच एक देवोपम स्वर सुनाई दिया—"देवगिरि! तुम एक दिव्यात्मा को जन्म देने जा रही हो। यह साक्षात् भगवान् का अंश है, जो पूरे जगत् का कल्याण करेगी। इसका जन्म निरापद होगा। तुम निश्चिंत रहो।"

यह अलौकिक वाणी सुनते ही देवगिरि की प्रसव-वेदना शांत हो गई और पास से एक शिशु के रोने का स्वर सुनाई दिया। उस तेजोमय शिशु को सीने से लगाकर देवगिरि को ऐसा लगा कि उसके जन्मों का संताप मिट गया हो। वह माँ और नवजात शिशु की प्रथम और अंतिम भेंट थी। विधाता ने कोई नई लीला रच रखी थी।

देवगिरि शिशु को किसी तरह गोद में उठाकर चलने लगी तो तेज आँधी-तूफान के बीच एक पहाड़ी ढलान से उसका पैर फिसल गया। इसी आपाधापी में शिशु हाथ से छूटा और वह एक गहरी खाई में जा गिरी। देवगिरि तो उसी क्षण प्रभु के धाम में जा पहुँची, किंतु उस शिशु को तो इस धरती पर जीना था। हर प्रकार के कष्ट व पीड़ाएँ सहकर भी मानवजाति का कल्याण करना था।

जिस ओर शिशु गिरा, उसी ओर से एक पगडंडी जाती थी। वहाँ से बैलगाड़ी में एक किसान दंपती से गुजर रहे थे। हवा में उछलकर शिशु उस स्त्री की गोद में आ गिरा और पूरे वातावरण में शिव का नाम गूँज उठा।

❑

4

पालक माता-पिता

पहले तो वह स्त्री अचानक हुई उस घटना से भयभीत हो गई। उसका पति भी यह सोचकर आश्चर्य में था कि घने वन में जोर-जोर से शिव का नाम कौन जप रहा है। फिर उनका ध्यान गोद में गिरे बालक की ओर गया। संयोगवश दो दिन पूर्व ही उस स्त्री का बच्चा भगवान् को प्यारा हो गया था। उस स्त्री ने तुरंत ही बालक को छाती से लगा लिया। उसे लगा कि भगवान् ने उसकी सूनी गोद भरने के लिए ही यह चमत्कार दिखाया है। किसान दंपती उस नवजात शिशु को पाकर फूले नहीं समाए; उस स्त्री ने उस बालक को स्तनपान कराया तो उसका रोम-रोम पुलकित हो उठा। वह बालक अपने पालक माता-पिता के पास पलने लगा। माता-पिता उसे अपने मृतक पुत्र की स्मृति में 'बाबू' नाम से ही पुकारते थे।

सत्य साईं बाबा के अनुसार यह बाबू नामक बालक ही कालांतर में साईं बाबा के नाम से विख्यात हुआ और उसने संसार को श्रद्धा व सबूरी का संदेश दिया। बालक में बाल्यकाल से ही विलक्षण प्रतिभा उजागर होने लगी थी। वह प्रायः बालसुलभ चंचलतावश नए-नए खेल रचता और उनमें जीतने पर उमगकर बालकों की टोली के साथ हुड़दंग करता। बच्चों की चंचलता और मस्ती कभी-कभी बड़ों की गंभीरता को अखरने लगती है। इसी तरह बाबू की शिकायतें और उलाहने माता-पिता के पास आते, परंतु वे उन्हें हँसकर टाल देते।

बाबू के जीवनकाल में एक घटना का विशेष रूप से उल्लेख किया जाता है। बाबू का एक साथी था भीम। वह हमेशा प्रत्येक खेल में बाबू को हराने का उपक्रम करता, परंतु कभी जीत नहीं पाता था। बाबू हर खेल में जीतता और भीम दाँत पीसता रह जाता। भीम के मन में उसे नीचा दिखाने की कोई-न-कोई योजना चलती ही रहती थी। एक दिन उसने बाबू से कहा, "अगर दम है तो मेरे साथ गोलियाँ खेल

कर दिखा। अभी पता चल जाएगा कि किसमें कितना दम है?''

बाबू भला पीछे क्यों हटता? अब समस्या यह थी कि भीम के पास खेलने के लिए गोलियाँ थीं ही नहीं। उसने कहा कि वह दाँव पर लगाने के लिए कोई-न-कोई वस्तु ले आएगा किंतु खेलेगा अवश्य। सारे बालकों के बीच इन दोनों का गोलियों का मुकालबा देखने की तीव्र इच्छा थी। बाबू इतना पक्का खिलाड़ी था कि पूरे गाँव के बच्चों की गोलियाँ उसी ने जीत रखी थीं। बच्चे खेलने के लिए भी उससे गोलियाँ उधार लिया करते थे और यहाँ भीम उसी बाबू को इस खेल में हराने के सपने देख रहा था।

मुकाबले का दिन आ गया, पर भीम गोलियाँ नहीं जुटा सका। दाँव पर लगाने के लिए कुछ तो चाहिए ही था। इसी दुविधा के बीच वह मंदिर के सामने से निकला तो उसकी नजर वहाँ रखे शालिग्राम पर गई।

''अरे वाह! इसे ही गोलियों की जगह दाँव पर लगा दूँगा।'' उसने सोचा।

भीम चुपचाप मंदिर में गया और शालिग्राम उठा लिया। उसने सोचा था कि बाबू से खेल में जीतने के बाद वह शालिग्राम को मंदिर में वापस रख देगा। नियत समय पर उनका खेल शुरू हुआ।

बाबू ने गोलियाँ निकालीं तो भीम ने वही शालिग्राम दाँव पर रखा। वही हुआ, जिसका भय था। भीम ने पराजय का मुँह देखा और वह शालिग्राम को मंदिर में रखने नहीं जा पाया। वह तो बाबू ने जीत लिया था। भीम की दशा शोचनीय थी। उसे अच्छी तरह पता था कि शालिग्राम चुराने वाली बात लोगों के बीच खुल गई तो उसकी क्या गत होगी।

अंततः उसने बाबू से ही विनती की—''देख भाई! मैंने तो इसे मंदिर से चुराया था और यही सोचा था कि खेल में जीतकर इसे वापस रख दूँगा, लेकिन अब तो सब गड़बड़ हो गई। गाँववाले तो मार-मारकर मेरा कचूमर निकाल देंगे। उनकी बारी तो बाद में आएगी, पहले तो माँ ही मेरी चटनी बना देगी।''

बाबू भी किसी से कम न था। वह अपने हठ पर अड़ा रहा कि उसने तो शालिग्राम को खेल में जीता है। फिर भले ही वह कहीं से भी आया हो। भीम ने हारकर अपनी माँ को सारी बात बता दी। पहले तो माँ ने उसकी सेवा की और फिर बाबू के पास चल दी, ताकि बच्चे को समझा-बुझाकर पवित्र शालिग्राम को मंदिर में रखवा दे। उसके बेटे के हाथों बहुत बड़ा पाप हुआ था, जिसका अतिशीघ्र प्रायश्चित्त होना आवश्यक था। भीम की माँ ने बाबू से कहा, ''बेटा, यह शालिग्राम मंदिर का है। यह कोई खिलौना नहीं है। इसे लौटा दो।...''

"नहीं! मैंने तो इसे दाँव में जीता है। जिसने दाँव पर लगाया था, उससे जाकर माँगो।" बाबू ने उत्तर दिया।

उनकी इस बातचीत को सुन पनघट जाती कुछ दूसरी महिलाएँ भी वहाँ आ गईं। देखते-ही-देखते वहाँ काफी भीड़ जुट गई। सभी बालक को समझाने में लगे तो लेकिन वह अपने हठ से टस-से-मस नहीं हो रहा था। भीम की माँ ने पहले तो प्यार से समझाया, परंतु फिर उसका गुस्सा सातवें आसमान पर जा पहुँचा। वह आवेश में बोली, "देखती हूँ कि तू कैसे शालिग्राम वापस नहीं देता। बित्ते भर का छोकरा और इसकी मजाल तो देखो।"

उसने जैसे ही शालिग्राम छीनने के लिए हाथ बढ़ाया, बाबू ने उसे लपककर मुख में धर लिया। भीम की माँ को काटो तो खून नहीं। उसने बाबू का मुँह हाथों में थामा और उसे खुलवाने का प्रयास करने लगी। बाबू ने थोड़ी हील-हुज्जत के बाद मुँह खोल दिया—"हे राम!" भीम की माँ तो उसके मुँह के भीतर का दृश्य देख दंग रह गई। उसके मुख से तो बोल ही नहीं फूट रहे थे। उसे बाबू के मुख में विराट् जगत् दिखाई दिया। उसने वहाँ देखा कि श्रीकृष्ण अर्जुन को गीता का उपदेश दे रहे हैं। वह तो वहीं बालक के चरणों में गिर पड़ी।

"क्षमा करना, क्षमा करना पुत्र! अनजाने में हुए पाप के लिए क्षमा करना। तुम तो कोई दिव्य आत्मा हो, अलौकिक पुरुष हो। मैं तुम्हारा निरादर कर बैठी।"

वहाँ उपस्थित जनसमूह के बीच यह बात फैलते देर नहीं लगी। बाबू भी उस दिन से जैसे बिलकुल बदल सा गया। नटखट व शरारती बालक जाने कहाँ खो गया था। ऐसा लगता था कि उसने संसार को अपना वास्तविक स्वरूप दिखाने के लिए तैयारी आरंभ कर दी थी।

बाबू की माँ के लिए यह समाचार अप्रत्याशित था। माँ के लिए तो उसका बालक हमेशा साधारण व प्यारा ही रहता है। भले ही वह संसार के लिए कितना भी महान् व बड़ा क्यों न हो जाए।

गाँववाले उस दिन से बाबू से बड़े ही आदर से पेश आने लगे थे, किंतु बाबू की माँ के लिए तो वह लाडला पुत्र ही था। वह उसी तरह अपने प्यारे बेटे को दुलारती और अपने हाथों से भोजन करवाती। यद्यपि इतना आभास तो पति-पत्नी को हो ही गया था कि वे किसी साधारण बालक का पालन-पोषण नहीं कर रहे हैं। उनके बालक में कोई-न-कोई तेजस्विता का अंश अवश्य था।

❑

5

बालक का स्वभाव परिवर्तन

बाबू के स्वभाव में एक विचित्र सा परिवर्तन आ गया। वह अब पहले की तरह न तो शरारतें करता और न ही समवयस्क बालकों के साथ खेलने-कूदने में रुचि लेता था। जब भी बालक उसे खेलने के लिए बुलाने आते तो वह किसी एकांत स्थान पर ध्यानमग्न मिलता।

पहले जिस बालक को वृक्षों पर चढ़ने, गोलियाँ खेलने और गाँव की स्त्रियों के मटके फोड़ने से समय नहीं मिलता था, वही अब एक शांत नदी की तरह कहीं-न-कहीं बैठा पाया जाता। माँ संग ले जाकर कुछ खिला देती तो खा लेता, अन्यथा पूरा-पूरा दिन भूखा-प्यासा बैठा रह जाता।

इतना ही होता तो ठीक था, किंतु उसने तो और भी नई हरकतें शुरू कर दीं। एक दिन मसजिद में जाकर बैठा और अपने मुँह से शिवलिंग निकालकर वहाँ स्थापित कर दिया। जिसने भी यह देखा, उसने सबको बताने में देरी नहीं की और सारे गाँव में बवाल मच गया। बाबू के माता-पिता ने बड़ी मुश्किल से कह-सुनकर मामला रफा-दफा किया।

कट्टरपंथी लोग यह कैसे सह सकते थे कि कोई बालक उनकी धार्मिक मान्यताओं से खिलवाड़ करे? कभी वह मंदिर में जाकर भजन-कीर्तन करने लगता तो कभी मसजिद में नमाज पढ़ने लगता। उसके लिए तो दोनों ही स्थान ईश्वर का द्वार थे, पर सांसारिक बुद्धिवालों को ये सब कहाँ समझ आता है?

बालक के किसी भी कार्य से शिक्षा या प्रेरणा लेने की बजाय वे उसके प्राणों के प्यासे हो गए। पालक माता-पिता के लिए बड़ी समस्या हो गई। अंततः उन्होंने निश्चित किया कि वे उसे वैंकुशा के आश्रम में भेज देंगे। बालक वहीं गुरु के पास रहकर विद्याध्ययन करेगा और इन धर्म के ठेकेदारों से भी बचा रहेगा।

बाबू की माँ ने दिल पर पत्थर रखकर पुत्र को विदाई दी। वैंकुशा गुरु के आश्रम में जाने से पूर्व ही साईं ने उन्हें स्वप्न में दर्शन दिए। वे जान गए कि साक्षात् प्रभु ही उनके यहाँ शिष्य के रूप में पधार रहे थे। बाबू वहाँ पहुँचे तो गुरुजी ने भावविभोर होकर उसे गले से लगा लिया। दोनों ही भली-भाँति एक-दूसरे को जानते थे।

गुरुजी ने सारी बातें सुनकर कहा, "अभागे हैं वे लोग, जो इस बालक को दुत्कारते हैं। इसके पावन स्पर्श से तो सबकुछ सोना बन जाता है और उन्होंने अपने हठ से उसी सोने को अपने से अलग कर दिया।"

बाबू की माँ ने रोते-रोते उसे कहा, "मेरे बच्चे! तुम मेरे इस कार्य को कभी अन्यथा न लेना। यदि तुम्हें यहाँ न लाती तो वे निश्चित रूप से कभी-न-कभी अपना बैर निकाल लेते। यहाँ तुम गुरुजी के संरक्षण में सुरक्षित रहोगे।"

"माँ, मैं तो भाग्यवान हूँ कि ऐसे विद्वान् गुरु के पास रहकर पढ़ने-लिखने का अवसर पाऊँगा। जीवन में यदि एक सच्चे गुरु का आश्रय मिल जाए तो मनुष्य को भवसागर से पार उतरने में कोई कठिनाई नहीं होती। मैं तो आपका आभार प्रकट करता हूँ कि आप मुझे उन लोगों के बीच से उठाकर यहाँ ले आईं। मुझे मानवता का कल्याण करने के लिए गुरु का साथ चाहिए था।"

माता-पिता लौट गए और गुरु वैंकुशा बालक को आश्रम के भीतर ले गए। वे तो पहले ही दिन से जानते थे कि उनका शिष्य अलौकिक शक्तियों का स्वामी है, अतः उसके प्रति उनका अनुराग स्वाभाविक ही था, परंतु बाबू में असाधारण गुरुभक्ति भी थी। वह प्राणपण से गुरु की सेवा करता। उनके एक-एक शब्द को शिरोधार्य करता।

वैंकुशा इस तथ्य को कभी नहीं भूले कि ईश्वर ने उन्हें एक महान् आत्मा को ज्ञान सौंपने का कार्य सौंपा है। जहाँ शिष्य स्वयं ही झोली फैलाए गुरु का अनुदान पाने के लिए व्यग्र हो, वहाँ गुरु और शिष्य के बीच एक अटूट नाता जुड़ जाता है। उस आश्रम में और भी बालक थे, किंतु वे तो केवल शिक्षा पाने आए थे। उनके लिए गुरु की सेवा, उनका आज्ञापालन जैसे शब्द केवल किताबी बातें थीं।

बाबू अपने गुरु के आदेशों व उपदेशों का अक्षरशः पालन करता। उन्हें अपने आचार-व्यवहार में उतारने का प्रयास करता। दिन-ब-दिन बालक की मेधा-बुद्धि और भी निखरती चली गई।

गुरुजी प्रत्येक कार्य के लिए उसी की गुहार लगाते। ऐसा लगता था कि वे अपने शिष्य से पल भर का भी वियोग सह नहीं पाते थे। सभी शिष्यों को जो पाठ

पढ़ाया जाता, वह तो बाबू भी सीखता किंतु वे उसे बातों-बातों में और भी अनेक दृष्टांत देते, ज्ञान व धर्म का मर्म समझाते। जब लेनेवाले की पात्रता सिद्ध हो चुकी हो तो गुरु को भी अपना ज्ञानरूपी घट उँड़ेलने में आनंद आने लगता है।

आश्रम के दूसरे शिष्यों के लिए यह नाता एक अबूझ पहेली बनता जा रहा था। वे साफ देख सकते थे कि किस प्रकार कुछ समय पूर्व आया बाबू उनके गुरु का प्रिय हो गया था। संसारी जन तो सभी प्रकार के विकारों से ग्रस्त होते हैं। ऐसे वातावरण में उनकी ईर्ष्या स्वाभाविक ही थी। बाबू के व्यवहार से कोई सीख लेने की बजाय वे उससे जलने लगे।

उनकी जलन का क्या परिणाम निकला और किस प्रकार साईं ने सबके बीच अपना पहला चमत्कार दिखाया, यह पाठक आगे पढ़ेंगे। यहाँ तो केवल इतना जान लें कि उस एक विशेष घटना के बाद से सारा आश्रम ही बाबू से स्नेह करने लगा और उसके दिव्य व अलौकिक रूप को मान देने लगा।

इसी प्रकार कई वर्ष बीत गए। गुरु वैंकुशा के भी जाने का समय हो गया था। वे अपने शिष्य को सारा ज्ञान सौंप चुके थे। भले ही वे जानते थे कि बाबू को किसी प्रकार का ज्ञान देने की आवश्यकता नहीं थी, किंतु इस संसार में आने के बाद इसके नियमों के अनुसार ही चलना होता है, अत: उन्होंने अपना धर्म निभाया।

एक दिन वे बाबू को एकांत में बुलाकर बोले, ''पुत्र! मैं भाग्यशाली हूँ कि मुझे इस जगत् में तेरा गुरु बनने का सौभाग्य प्राप्त हुआ। अब मुझे इस नश्वर देह का त्याग करना है। तेरे लिए भी उचित समय आ गया है कि तू संसार को अपने वास्तविक स्वरूप का परिचय दे और मानवता का कल्याण कर।''

यह कहकर उन्होंने किशोर बाबू को एक ईंट सौंप दी और बोले, ''यह ले, यह आज से तेरे साथ हमेशा रहेगी। ध्यान-मनन में इसका प्रयोग करना। सोते समय साथ रखना। इसे कभी अपने से विलग मत होने देना। फकीरी बाना धारण कर और संसार को त्रिविध तापों से मुक्ति दिलाने के लिए निकल पड़। जहाँ मन रम जाए, वहीं धूनी रमा देना।''

बाबू की आँखें छलछला आईं—''क्या आप मुझे छोड़ जाएँगे?''

बाबू को अपने पालक माता-पिता का भी कुछ पता न था। जन्म देनेवाले भी इस संसार में नहीं रहे थे और आज गुरु वैंकुशा भी जाने की बात करने लगे तो वह भावुक हो उठा। बोले, ''क्या सभी इस संसार में इसलिए आते हैं कि एक दिन अपने प्रियजन को छोड़कर चल दें?''

''प्रिय बाबू! जीवन-मरण पर किसी का वश नहीं चलता। यह विधान तो

नियंता के अपने हाथ में है। हमें तो उसकी आज्ञा के अनुसार ही चलना होता है। अब जब मैं आश्रम से विदा हो जाऊँगा तो तुम भी चल देना। तुम्हें आज के बाद किसी संसारी आश्रय की आवश्यकता नहीं रहेगी। अपनी लीलाओं का विस्तार करो। जाओ, इस संसार को तुम्हारी आवश्यकता है। जा, आज से अल्लाह तेरा मालिक!''

कुछ ही समय में गुरु महाप्रयाण के पथ पर चल दिए और बाबू अपने लिए नई लीलास्थली की खोज में निकल पड़ा।

❑

6

शिरडी में प्रथम आगमन

सत्य साईं बाबा द्वारा सुनाई गई उस कथा पर यदि मनन न करना चाहें तो हमें साईं सच्चिरत्र से साईं बाबा के जीवन का परिचय वहाँ से प्राप्त होता है, जब वे शिरडी में पहली बार पधारे। शिरडीवासियों ने अपने रोजमर्रा के कार्यों के दौरान एक तेजस्वी किशोर को नीम के वृक्ष तले ध्यानमग्न देखा। सर्दी व गरमी की परवाह किए बिना ध्यान में बैठे उस युवक ने सबका ध्यान अपनी ओर आकर्षित किया।

त्याग व वैराग्य की साक्षात् प्रतिमा लगते उस युवक को किसी में भी कोई रुचि न थी। ग्रामवासियों का कौतूहल स्वाभाविक ही था। वह युवक रहस्यमयी तरीके से सारा दिन मनन करता। रात को निर्भीक भाव से घने वन में घूमता। कभी मिट्टी के टीले पर सो जाता तो कभी घनी झाड़ियों के बीच अपना आश्रय बनाता।

एक बार गाँव में किसी व्यक्ति में खंडोबा का संचार हुआ। उस व्यक्ति से जब इस किशोर के बारे में पूछा गया तो वह भागता हुआ उसी नीम के समीप आया और कुदाल लेकर खोदने को कहा। जब उस स्थान पर खुदाई की गई तो वहाँ एक छोटी गुफा का द्वार व जलते हुए चार दीपक दिखाई दिए। खंडोबा ने कहा कि इस स्थान पर उस युवक ने तपस्या की थी।

ग्रामवासियों ने उस युवक से इस बारे में पूछा तो वह बोला, ''यह तो मेरे परम पूजनीय गुरु का स्थान है।''

उस स्थान को उसी प्रकार बंद कर दिया गया। शिरडी के अन्य भक्त भी उस युवक के साथ उस जगह को पूजनीय मानने लगे। वह स्थान सदैव साईं के गुरु का समाधिस्थल मानकर पूजा गया।

उस किशोर ने सिर पर एक कपड़ा बाँधा हुआ था। शरीर पर कफनी, कंधे पर झोला और हाथ में एक सटका ही उसकी जमा पूँजी थी। वह गाँव में भिक्षाटन करता

और उसी नीम के पेड़ तले बैठकर जो कुछ मिलता, उसे खा लेता। उसे स्वाद से कोई लेना-देना नहीं था। जो कुछ भी खाने को मिलता, उसी से संतोष कर लेता। राह चलते कुत्ते और आवारा पशु भी उसके भोजन का भाग पाते।

ग्रामवासियों के लिए वह किशोर किसी पहेली से कम नहीं था। वे उसके बारे में कुछ नहीं जानते थे, पर उसकी ओर खिंचे चले आते। कभी वह मंदिर में बैठा दिखता तो कभी मसजिद में नमाज अदा करता देखा जाता। धीरे-धीरे उसके स्वभाव की यही विशेषता धर्म के ठेकेदारों के लिए विष के समान हो गई। भला मसजिद में नमाज पढ़नेवाला मंदिर में प्रवेश कैसे कर सकता था या मंदिर में पूजा करनेवाले को मसजिद में अल्लाह को याद करने का क्या अधिकार था?

आखिरकार कुछ लोग पूछने ही चले गए कि उस युवक का धर्म क्या है? वह किसे पूजता है? उस युवक ने अपना हाथ आकाश की ओर उठाकर उत्तर दिया—''सबका मालिक एक! क्या हिंदू और क्या मुसलमान!''

कहा जाता है कि साईं बाबा कुछ ही समय बाद शिरडी को छोड़कर कहीं चले गए। बाद में वे चाँद पाटील की बारात के साथ शिरडी आए और फिर हमेशा के लिए शिरडी को ही अपनी तपस्थली बना लिया।

❑

7

चाँद पाटील से भेंट

चाँद पाटील नामक व्यक्ति औरंगाबाद के समीप वनों में बहुत समय से भटक रहा था। उसकी घोड़ी कहीं खो गई थी। वह उसे खोजते-खोजते थक गया था और घोड़ी के मिलने की कोई आस नहीं दिख रही थी। इतनी सरलता से तो अपनी वस्तु का मोह नहीं छूटता और फिर वह तो उसकी प्रिय घोड़ी थी। पालतू पशु से आंतरिक स्नेह का होना स्वाभाविक ही है। कहते हैं कि ईश्वर किसी भी कार्य को करने के लिए स्वयं नहीं आते। वे कोई-न-कोई निमित्त बना देते हैं। उस दिन चाँद पाटील के जीवन में जिस क्रांतिकारी घटना का सूत्रपात होना था, उसके लिए घोड़ी का खोना एक निमित्त ही बना।

वह काफी खोजबीन के बाद आम के वृक्ष के पास से गुजरा तो वहाँ एक तेजस्वी फकीर को बैठे पाया। घने वन में बैठे उस फकीर को देख पहले तो पाटील सकपका गया। फिर उसने मन को तसल्ली दी कि ये फकीर तो कहीं भी अपनी धूनी रमा लेते हैं। बहते पानी और जोगी का क्या ठिकाना!

बाबा ने उसके हाथ में जीन देखी तो आवाज दी—"कहाँ भटकता फिरता है पाटील?"

पाटील पहले तो अपना नाम सुनकर चौंका, फिर उसके कदम अपने आप ही बाबा की ओर उठते चले गए। उसने हाथ जोड़े, "बाबा! मेरी घोड़ी खो गई। उसे कहाँ खोजने जाऊँ?"

"अरे! यहाँ-वहाँ क्या भटकना, देख वहीं तो चर रही है।" बाबा ने मुसकराकर कहा।

चाँद पाटील ने बाबा के संकेत की दिशा में जाकर देखा तो उसके आश्चर्य का ठिकाना न रहा। सचमुच उसकी घोड़ी तो वहीं मजे से घास चर रही थी। उसने

घोड़ी को पुचकारा और जीन चढ़ाकर बाबा के पास ला खड़ा किया।

बाबा चिलम सजाने की तैयारी कर रहे थे। पाटील सोच ही रहा था कि घने वन में चिलम जलाने के लिए आग कहाँ से आएगी कि इतने में जो दृश्य दिखा, उसने तो उसे भौंचक्का कर दिया। बाबा ने अपना चिमटा भूमि में दे मारा और जब चिमटा बाहर आया तो उसमें प्रज्वलित अंगारा था। दूसरा दृश्य तो और भी विस्मयकारी था। सटके के प्रहार से वहाँ की धरती से पानी निकलने लगा। बाबा ने साफे को पानी से भिगोकर चिलम पर लपेट दिया और चिलम पीकर बोले, "ले, अब चिलम पीकर सुस्ता ले।" बाबा ने चिलम उसकी ओर बढ़ा दी।

पाटील ने चिलम ले ली और मन-ही-मन विचार करने लगा कि उसके सामने बैठे बाबा कोई साधारण मानुष नहीं, उच्च कोटि के आध्यात्मिक जीव हैं। उसने विनती की—"बाबा! मैं धूपगाँव का अधिकारी हूँ। आपको मेरे साथ चलना होगा। मेरे परिवार पर भी अपने रहम की नजर डालनी होगी। यदि आप न माने तो मैं और मेरी घोड़ी यहीं डेरा डाल देंगे।"

"मैं तो शिरडी जा रहा हूँ।"

"आप शिरडी अवश्य जाना, परंतु आपको मेरे गरीबखाने पर अपने चरणों की धूल देनी ही होगी।"

बाबा से भक्त का आग्रह टालते न बना और वे पाटील के घर चल दिए। वहाँ जाकर पता चला कि पाटील के साले का विवाह होनेवाला है और बारात शिरडी ही जा रही है। जिस दिन बाबा शिरडी के लिए रवाना होने लगे तो पाटील ने कहा, "आप बारात के साथ ही चलिएगा। आपका साथ होने से हम संसारियों के कानों में भी कुछ अमृतवचन पड़ जाएँगे।"

बारात बड़ी धूमधाम के साथ शिरडी के लिए रवाना हुई। बाबा बहुत पहले शिरडी से ही दूसरे तीर्थों के लिए निकले थे और आज एक बार फिर वे अपने गुरु के स्थान पर जा पहुँचे। बारात ने गाँव की सीमा पर डेरा डाला।

बाबा गाँव की ओर चल दिए। वे खंडोबा के मंदिर के सामने पहुँचे तो पुजारी म्हालसापति उस समय पूजन कर रहे थे। पूजन करके ज्यों ही मुड़े तो द्वार पर बाबा को खड़े पाया। जाने कैसे दैववश उनके मुख से निकला, "आओ साईं!"

बस उस दिन से उस बाबा और फकीर का नाम साईं पड़ गया।

बाबा ने मंदिर के भीतर कदम रखते हुए कहा, "बहुत सुंदर! जी चाहता है कि इस शांत जगह पर ही डेरा डाल दूँ।"

पुजारी म्हालसापति को न चाहने पर भी कहना पड़ा, ''साईं! यह तो हिंदू मंदिर है।''

बाबा बाहर देहली पर ही बैठकर बोले, ''भाई! सबका मालिक एक! क्या हिंदू क्या मुसलमान। मंदिर में जो ईश्वर है, मसजिद में भी उसी का रूप है। राम कहो या रहीम, सब उस नटवर के ही तो रूप हैं। तुम चिंता न करो। मैं मंदिर के शांत वातावरण से आकर्षित हुआ हूँ, किंतु मैंने गाँव की जीर्ण-शीर्ण मसजिद में ही ठहरने का निश्चय किया है। आज से वहीं मेरा ठिकाना होगा।''

म्हलासापति को अपने शब्दों पर क्षोभ हुआ और उसने क्षमायाचना की, ''साईं! मेरे वचनों के लिए मुझे क्षमा करना। मैंने अनजाने में ही आप जैसी पुण्यात्मा पर दोष लगाया। आप जैसे लोग तो जहाँ बैठ जाते हैं, वहीं मंदिर-मसजिद बन जाते हैं।

''अच्छा! भाई···अल्लाह तुम पर रहम करे।''

म्हालसापति और वहाँ उपस्थित अन्य जन एकबारगी अनुमान ही नहीं लगा सके कि अपनी बातों की मोहिनी से उन सबके मन को मोह लेनेवाला वह बाबा हिंदू था या मुसलमान!

❑

8

द्वारिका माई में प्रवेश

साईं बाबा वहाँ से चलकर गाँव के सीमांत पर स्थित जीर्ण-शीर्ण मसजिद में जा विराजे। उस टूटी-फूटी मसजिद के तो मानो भाग ही खुल गए। साईं ने उसे द्वारिकामाई नाम दिया। गाँव में कभी द्वारिकाबाई नामक स्त्री रहा करती थी। वह एक हिंदू होने के बावजूद सभी धर्मों के बीच सद्भाव तथा प्रेम को प्रश्रय देती थी। उसी ने मुसलमानों के लिए अपने धन से शिरडी में वह मसजिद बनवाई थी। काफी समय तक वहीं अल्लाह की इबादत होती रही। कालांतर में जब मुसलमानों ने नई मसजिद बनवा ली तो यह मसजिद वीरान होती चली गई। साईं ने उसी मसजिद को अपना डेरा बना लिया था।

चाँद पाटील के साथ आई बारात तो वर-वधू के साथ लौट गई, किंतु साईं बाबा के रूप में एक ऐसा अनमोल हीरा वहीं छोड़ गई, जिसने हमेशा-हमेशा के लिए शिरडी का नाम अमर कर दिया।

कहते हैं कि पुष्प की मधुर सुगंध छिपाए नहीं छिपती। उसी प्रकार भला साईं की महिमा कैसे छिपी रह जाती? साईं कभी नीम के वृक्ष तले बैठते तो कभी वनों में घूमते-फिरते। गाँव की एक स्नेही महिला बायजाबाई को इस बाल वैरागी से बड़ा नेह हो गया। वह प्राय: उस साईं को किसी पेड़ के नीचे ध्यानरत पाती। कभी उसे वनों में भटकते देखती तो कभी देखतीं कि वह नीम के नीचे बैठा जाने अपलक किसे ताकता है?

बायजाबाई श्री गणपत तात्या कोते पाटील की पत्नी थीं। उन्होंने घर जाकर परिवार में इस साईं की चर्चा की और कहते-कहते नेत्रों में अश्रुजल उमड़ आया। वे व्यथित थीं कि बाबा के भोजन का क्या प्रबंध होता होगा। इस प्रकार उन्होंने आजीवन मातृभाव से साईं की सेवा की। अपने पुत्र के समान स्नेह दिया। वे सुबह

घर के लिए भोजन पकाते समय साईं के लिए भी भोजन पकातीं और फिर उसे एक टोकरी में रख आसपास के वन-प्रांतर में मारी-मारी फिरतीं। जहाँ कहीं बाबा दिखाई देते तो वे उन्हें बड़े ही स्नेह से वह भोजन करातीं। वे एक पत्तल पर भोजन परोसकर बाबा से उसे खा लेने का आग्रह करतीं—"साईं! कब तक बैठे रहोगे? तुम कुछ खा लो तो तुम्हारी बूढ़ी माँ के पेट में भी अन्न का दाना पड़े।"

"बायजाबाई! तुम मेरे लिए इतना कष्ट क्यों सहती हो? मेरा-तुम्हारा क्या नाता है? यदि मैं भोजन नहीं करूँगा तो इससे तुम्हारा क्या जाएगा?"

"साईं! सब जानकर भी भोले बनते हो। मेरे लिए तो तुम वात्सल्य का साकार रूप हो। मुझे इस दुनिया में किसी से कोई लेना-देना नहीं है। बस जिस दिन से तुम्हें देखा है, मैं तो यही जानती हूँ कि तुम मेरे पुत्र और मैं तुम्हारी माता। जब तक बालक दो कौर न खा ले, माता के गले से निवाला कैसे उतरे?"

जब कुछ वर्ष बाद बाबा ने जंगल में विचरना बंद कर दिया तो बायजा का काम भी कुछ घट गया। अब उन्हें भोजन लेकर बाबा को खोजना नहीं पड़ता था। भले ही बाबा को भूख हो अथवा न हो, वे सदैव बड़े ही उत्साह से बायजा के लाए भोजन का स्वागत करते और बायजा को स्नेह पगे शब्दों में उलाहना देते कि उसने भोजन लाने में देर कर दी। बायजा इसी स्नेहभाव से धन्य हो उठतीं। बाबा ने बायजा का पुत्र होने का धर्म भी बखूबी निभाया। उन्होंने उसके पुत्र पर आई मृत्यु को अपने ऊपर लेकर बायजा के पुत्र तात्या की प्राण-रक्षा की। उन्होंने बायजा के एक-एक कौर का मोल अपने प्राण देकर चुकाया।

बायजा का पुत्र भी बाबा का बहुत ही प्रिय और अंतरंग बन गया। तात्या पर उनका विशेष स्नेह था। उस युवक का अधिकांश समय उनके साथ ही बीता था। वह प्राय: रात को भी बाबा के साथ ही रहता था, ताकि बाबा की सेवा में कोई कमी न रह जाए। पिता की मृत्यु के कई साल बाद जब उस पर अपने घर का उत्तरदायित्व आया तो उसने घर में जाकर रहना आरंभ किया।

❑

9

पानी से जले दीपक

मसजिद में हमेशा बाबा की पवित्र अग्नि की धूनी जला करती। वे अपने पास आनेवाले भक्तों को प्रसाद के रूप में धूनी की राख ही देते। कुछ ही समय में पूर्ण भक्तिभाव और श्रद्धा से उस धूनी को ग्रहण करनेवालों ने पाया कि वह तो दैवीय विभूति थी। उसके सेवन से अनेक रोग दूर हो जाते थे। शिरडी के साईं के दीवानों की संख्या बढ़ने लगी। भले ही आरंभ में बहुत कम लोगों ने उन्हें स्वीकारा, किंतु वे सब पुण्यात्माएँ थीं जो धरती पर मानवजाति के कल्याण के लिए पधारे साईं बाबा का यथार्थ रूप जान गई थीं।

साईं खाली पड़ी भूमि पर अपने हाथों से पौधे लगाते और प्रतिदिन उन्हें सींचते। कुछ ही महीनों में वहाँ कई प्रकार के सुगंधित पुष्प खिलने लगे। वे पौधों को पानी देने के लिए स्वयं ही कुएँ से पानी निकाला करते। धीरे-धीरे मसजिद में आनेवाले भक्तों की संख्या बढ़ने लगी। वे साईं की मीठी बोली और उपदेशों को बड़े ही स्नेह से सुनते और उनका आशीर्वाद पाते। साईं एक टमरेल में तेल की भिक्षा माँग लाते, ताकि शाम को मसजिद में दीपक जलाकर प्रकाश किया जा सके।

शाम को भिक्षाटन में मिले तेल से मसजिद में दीपक जलते और चारों ओर प्रकाश का साम्राज्य हो जाता। तंग आकर एक दिन बनियों ने आपस में तय किया कि वे बाबा को दीपक जलाने के लिए तेल नहीं देंगे।

बाबा नियमानुसार तेल की भिक्षा लेने निकले। वे जिस भी दुकान के सामने जाकर खड़े होते, उन्हें वहाँ से नकारात्मक उत्तर ही मिलता। वे मुसकराकर आगे बढ़ जाते। कई दुकानदार तो ऐसे थे, जो मना करने के साथ-साथ चार बातें सुनाने से भी बाज न आए।

"अरे! फकीर की बादशाही तो देखो। भिक्षा के तेल से मसजिद में दीपक जलाता है।"

"हुँह! घर में नहीं दाने और अम्मा चली भुनाने! लोग तो भिक्षा में अन्न माँगकर पेट भरते हैं और ये महाशय तेल माँगने निकल पड़ते हैं।"

"नहीं भाई! हमने तेल देने का ठेका नहीं ले रखा।"

"गृहस्थीवालों की सौ जिम्मेवारियाँ होती हैं। हम तुम्हारे ये नखरे न उठा सकेंगे।"

ऐसी-ऐसी बातें सुनकर भी साईं बाबा के चेहरे पर शिकन तक न आई। वे हर जगह से यही कहते हुए आगे बढ़ते रहे—"अल्लाह मालिक!"

भले ही लोग किसी नेक काम के लिए एकत्र न हों, पर बुरा काम करने के लिए संगठित होते देर नहीं लगती। उस दिन उन्होंने यही तो किया। एक भी दुकान से तेल की भिक्षा नहीं मिली। बाबा खाली हाथ चले गए तो दुकानदारों ने मिलकर सभा की, "चलो, जरा देखें तो सही, आज बाबा अपना नित नेम कैसे निभाएगा?"

वे लोग चोरी-छिपे मसजिद के पास जा पहुँचे। उन्होंने देखा कि बाबा ने दीपकों में सूखी बत्तियाँ डाल दी हैं। उन्होंने एक-दूसरे को शंकित भाव से देखा, मानो यह जानने का प्रयत्न कर रहे हों कि उनमें से किसने आज्ञा की अवहेलना करते हुए बाबा को चोरी से तेल दे दिया है। तेल तो किसी ने दिया ही नहीं था।

बाबा ने तेल वाला टमरेल उठाया। उसमें नाममात्र का तेल था। उन्होंने उसमें पानी मिलाया और उसे पी लिया। फिर मुँह में भरे उसे तेल मिश्रित जल को पुनः पात्र में पलट दिया। वही पानी दीपकों में भरकर उन्हें जलाया तो देखते-ही-देखते मसजिद प्रकाश से जगमगा उठी। वहाँ तो चारों ओर रोशनी थी, पर दुकानदारों के चेहरों पर कालिख पुत गई थी। बाबा अपने चार दीपकों से प्रतिदिन की तरह दीपावली मना रहे थे। पहले तो दुकानदार कुछ सकुचाए, किंतु फिर साहस बटोरकर आगे बढ़े और वहाँ दीपकों के टिमटिमाते प्रकाश के बीच मंद-मंद मुसकराते हुए बाबा के चरणों पर लोट गए।

"बाबा! क्षमा कर दें। हम अज्ञानी हैं। आपका दिव्य व असली रूप नहीं पहचान पाए। भला हम आपको भिक्षा देनेवाले कौन होते हैं? हमने आप जैसे सिद्ध पुरुष की परीक्षा लेने की ठानी। हम पर गाज गिरेगी।"

"नहीं-नहीं। अपने-आपको मत कोसो। तुम सब उस ईश्वर की ही तो स्वयं संतान हो। ईश्वर है, वह बुरा कैसे हो सकता है। सच्चे मन से अपनी भूल स्वीकारने वाले को ईश्वर क्षण भर में क्षमा प्रदान कर अपने हृदय से लगा लेते हैं।"

❑

10

बाबा की करुणा

उस दिन शिरडी के लोगों ने पहली बार साईं का चमत्कार देखा। उनके दिव्य स्पर्श ने पानी को भी तेल में बदल दिया था। शिरडीवासी साईं के दर पर आने लगे। पहले-पहल वे कौतूहलवश आते थे, ताकि पानी से दीपक जलानेवाले और उस जीर्ण-शीर्ण मसजिद को अपना आशियाना बनानेवाले, आसपास सुगंधित पुष्पवाटिका बनानेवाले अनूठे फकीर को देख सकें, किंतु बाद में वे उनके स्नेह की डोर से खिंचकर आने लगे। वे उनके भक्त हो चले थे।

शिरडीवासियों के भाग्य की क्या कहें। स्वयं साईं बाबा उनके दर पर भिक्षा माँगने जाते थे। उनके हाथ में एक टमरेल रहता और कंधे पर झोली। वे सद्गृहस्थ के द्वार पर जाकर दस्तक देते—"माई! एक रोटी का टुकड़ा मिले।"

सूखी वस्तुएँ झोली में डाल लेते और तरल पदार्थ टमरेल में रखते। उनका भिक्षा माँगने का तरीका भी विचित्र था। कुछ घर ऐसे थे, जहाँ वे प्रतिदिन जाते और कुछ घरों में कभी-कभी फेरा लगाते। बाबा कभी किसी भी खाद्य पदार्थ के स्वाद की ओर ध्यान नहीं देते थे। वे लाई गई भिक्षा में से कुछ अन्न ग्रहण कर उसे एक कुंडी में डाल देते। कभी वहाँ सफाई करनेवाली उसमें से टुकड़े उठा ले जाती और कभी कुत्ते व बिल्लियाँ भोजन का आनंद लेते। साईं के भक्त भी स्नेहवश कुछ-न-कुछ ले आते थे। वे प्यार से उनकी भेंट स्वीकारते और फिर उसे वहीं भूखे मनुष्यों व जीवों में बाँट देते। शिरडी में एक वृद्धा रहती थी। वह निर्धन होने के बावजूद रोज बाबा के लिए एक रोटी पकाकर लाती थी। उसके पास दो रोटियाँ होतीं। एक रोटी बाबा को खिलाने के बाद वह दूसरी रोटी स्वयं खा लेती।

ऐसे निष्कपट स्नेह के आगे बाबा भी विवश थे। वे बड़ी व्यग्रता से अपनी भक्त की प्रतीक्षा करते और उसके हाथ से सूखी रोटी भी स्वाद लेकर खाते। एक

दिन रास्ते में उस महिला को एक भूखा कमजोर कुत्ता दिखाई दिया। जाने उसके मन में क्या आया कि उसने अपने हिस्से की एक रोटी उसे खिला दी।

कुछ ही दूर गई तो देखा कि एक मादा सूअर अपने बच्चों के साथ लेटी थी। महिला ने दूसरी चपाती उस भूखी मादा सूअर को दे दी। मसजिद पहुँची तो बाबा ने कौतुक किया—"अरे! इतनी देर लगा दी। मैं तो भूख से मरा जा रहा हूँ। लाओ, मेरी रोटी लाओ।"

अब उस महिला को सुध आई। उसने तो बाबा के हिस्से की रोटी भी जानवर को खिला दी थी। उसकी आँखों में आँसू छलक आए, "साईं! आज आपके लिए रोटी नहीं ला सकी।"

"झूठ क्यों बोलती है। आज तो तुमने मुझे दोनों रोटियाँ खिला दीं।"

वहाँ उपस्थित सभी लोग और वह महिला आश्चर्य से एक-दूसरे का मुँह ताकने लगे। बाबा ने हँसकर कहा, "माई! तूने अपने हिस्से की रोटी कुत्ते को दी और मेरे हिस्से की रोटी भूखी मादा सूअर को खिला दी। उन दोनों भूखे जानवरों ने जो खाया, उसी से तो मेरा पेट भी भर गया। आज तो मैंने दुगना भोजन पाया है।"

बाबा के ये शब्द सुनकर उस महिला को एहसास हुआ कि साईं सर्वव्यापी हैं। वे सभी जीवों तथा धरती के कण-कण में बसे हैं। साईं ने उस दयालु महिला को अनेक आशीर्वाद दिए और वहाँ उपस्थित भक्तजन भी महिला के मुख से पूरा प्रसंग सुनकर बाबा की जय-जयकार कर उठे।

❑

कपटी विश्वनाथ

विश्वनाथ गाँव के नए मंदिर का पुजारी था। वह पुरोहिताई के साथ-साथ आयुर्वेद की भी आधी-अधूरी जानकारी रखता था। बाबा के आने से पूर्व तक वह अपने को गाँव का एकमात्र विद्वान् मानता था और इसी नाते सीधे-सरल ग्रामीणों को नाना प्रकार से ठगता था। किसी को धर्म का डर दिखाता तो किसी को रोगमुक्ति का आश्वासन देकर अपना काम निकालता। कुल मिलाकर उसकी पौ बारह थी।

विश्वनाथ कभी अपनी ज्योतिष विद्या का रोब झाड़ता तो कभी वैद्य के रूप में जड़ी-बूटियों की सारी जानकारी होने का दावा करता। वह प्राय: चिकित्सा करने में अक्षम होने पर अपनी गलती का सारा दोष भाग्य के मत्थे मढ़ देता। लोगों से कहता कि उक्त व्यक्ति के भाग्य में तो मृत्यु योग लिखा था। वह किसी भी दशा में बच ही नहीं सकता था।

जबसे गाँव में साईं बाबा आए थे, उसकी दुकानदारी पहले से काफी मंदी हो गई थी। पहले तो वह यदा-कदा ग्रामीणों को रोककर साईं की चुगली करने लगता। उनके बारे में अनाप-शनाप बोलता, किंतु कुछ ही दिनों में उसने जान लिया कि कोई भी उसकी उन बातों में रस नहीं लेता और न ही हामी भरता था, क्योंकि वे सभी बाबा के चरणों में माथा टेकने जाने लगे थे। भला वे एक सिद्ध संत के बारे में ऐसी बातें क्यों सुनते? जो लोग मारे भय के विश्वनाथ के सामने कुछ बोल नहीं पाते थे, वे तो चुपचाप चले जाते किंतु जो थोड़े निर्भीक स्वभाव के थे, वे पूरी बहस करते। अकसर विश्वनाथ वाद-विवाद में पराजित होता और वे उसका उपहास कर आगे बढ़ जाते।

जैसे-जैसे साईं की ख्याति बढ़ रही थी, विश्वनाथ की ईर्ष्या भी बढ़ती जा रही थी। बाबा के आने से जैसे पूरे गाँव का वातावरण ही सात्त्विक हो गया था। कहते हैं

न कि संगति का मनुष्य पर गहरा प्रभाव होता है। बाबा के पास बैठनेवाले लोग अच्छी-अच्छी बातें सुनकर आते और उन्हें दूसरे गाँववालों को सुनाते। अब चौपालों पर व्यर्थ की अड्डेबाजी और चौपड़ की बजाय धर्म, सत्संग व मानवता की बातें होती थीं। बाबा स्वयं पौधों को पानी देते। उन्होंने आसपास के सारे वातावरण को पुष्पों से आच्छादित कर दिया था।

जहाँ भी गंदगी का अंबार लगा देखते, वहीं स्वयं बुहारी करने लगते। कथनी से करनी कहीं महान् होती है। गाँव में निठल्लों की तरह घूमनेवालों ने जब उन्हें इस तरह काम करते देखा तो स्वयं आगे आ गए। इस तरह बाबा मुँह से कुछ कहने की अपेक्षा अपने व्यवहार से सीख देने का प्रयत्न करते। अनपढ़ ग्रामीणों को समझाने का यह उपाय कहीं ज्यादा कारगर रहा।

साईं के आगमन से शिरडी की कायापलट हो गई थी। कौन जानता था कि वह छोटा सा गाँव आनेवाले समय में बाबा की सिद्धस्थली बनकर देश-विदेश से साईं भक्तों को अपनी ओर खींच लाया करेगा।

एक दिन की बात है। बाबा की सभा में तात्या दिखाई नहीं दिया तो उन्होंने उसके बारे में पूछताछ की। पता चला कि वह तो कल से ज्वरग्रस्त है।

साईं उसके घर पहुँचे तो बायजा बाई उसके माथे पर कोई लेप लगा रही थी।

साईं को देख माँ की आँखें चमक उठीं और बोली, "आओ साईं! देखो न कैसे पीड़ा से छटपटा रहा है। बुखार इतना तेज है कि न तो कुछ खाता है और न ही कुछ पीता है।"

"माई! रोओ मत, मैं देखता हूँ।" यह कहकर बाबा ने अभय की मुद्रा में हाथ उठाया। उन्होंने अँगोछे में बँधी भभूत को तात्या के माथे पर लगाया तो वह तुरंत स्वस्थ हो उठकर, "बाबा! देखो न, चाहने पर भी मिलने नहीं आ सका।"

"हाँ, तुम मुझसे मिलने की उत्कट इच्छा लिये रोगशय्या पर पड़े थे, इसलिए मुझे ही आना पड़ा।"

"हाँ साईं! यदि इसे बुखार न होता तो यह आपकी सेवा में अवश्य आता। आपने नेह का ऐसा नाता जोड़ दिया है कि एक दिन भी आपको देखे बिना मन को चैन नहीं आता।" बायजा ने कहा।

तात्या बोला, "माँ, कैसा बुखार? देखो, मैं तो भला-चंगा हूँ।"

तात्या ने उठकर बाबा के चरण-स्पर्श किए। सबने उसका हाथ छुआ तो बिलकुल बुखार नहीं था और चेहरे पर कांति दमक रही थी। दो दिन से चल रहे रोग का अब नामोनिशान तक न था।

बाबा हँसकर बोले, "चल जवान! हम सब मिलकर भोजन करेंगे।"

बायजा बोली, "बाबा! भोजन तो तैयार है किंतु सबके लिए पर्याप्त नहीं होगा। जरा प्रतीक्षा करें, मैं और रोटियाँ बना दूँ।"

"नहीं अन्नपूर्णा! तुमने जो बना रखा है, वही दे दो। हम सबका पेट उसी से भर जाएगा।" बाबा ने स्नेह से कहा।

बायजा ने दाल, सब्जी और रोटियाँ बाँधकर थमा दीं किंतु उसे पता था कि चार-पाँच रोटियाँ पर्याप्त नहीं हैं, इसलिए वह और खाना पकाने रसोई में चली गई।

कुछ समय बाद वह जब और रोटी-सब्जी बनाकर बाबा के यहाँ पहुँची तो देखा कि वहाँ सब भोजन कर रहे हैं।

बाबा बोले, "माई, मना करने पर भी तुम और खाना बना लाईं। वह तो इतना था कि हम सबने भरपेट खाया और देखो मेरी द्वारिकामाई के कुत्तों को भी उनका हिस्सा मिल गया है।"

"बाबा! वे तो केवल चार-पाँच रोटियाँ थीं।"

"नहीं माई, वे तो चालीस-पचास रोटियाँ थीं।"

बायजा चुप हो गई। बाबा की महिमा अपरंपार थी। उन्होंने ही उस दिन रोटियों की सीमित संख्या को इतना बढ़ा दिया था कि सबके भरपेट खा चुकने के बाद भी टोकरी में कुछ रोटियाँ शेष थीं। वह भावविभोर होकर केवल यही कह सकी, "बाबा! आप तो लीलामयी हैं। पहले तो भभूत से तात्या का रोग भगाया, फिर थोड़ी सी रोटियों से पूरी पंगत जिमा दी। धन्य हैं आप!"

बाबा बोले, "अल्लाह मालिक!"

गाँव-देहात में अकसर ऐसी बातें प्रचारित होते देर नहीं लगती। कुछ ही देर में सब जगह खबर फैल गई कि किस तरह बाबा ने तात्या को रोगमुक्त और रोटियों वाला चमत्कार किया। हाथ कंगन को आरसी क्या! वहाँ तो चमत्कारों के प्रत्यक्षदर्शी तक मौजूद थे। शिरडीवासियों ने तय किया कि वे अपने साईं को पालकी में बिठाकर शोभायात्रा निकालेंगे।

❑

12

साईं शब्द का अर्थ

इधर विश्वनाथ तक यह सूचना पहुँची तो उसे काटो तो खून नहीं। दाँत पीसकर सूचना देनेवाले से बोला, "बड़ा साईं बना फिरता है। जरा उससे पूछना तो सही कि साईं शब्द का अर्थ भी पता है? जाने कहाँ-कहाँ से मुँह उठाकर आ जाते हैं?"

साईं की शोभायात्रा सरल ग्रामीणों की श्रद्धा और विश्वास से और भी सजीव हो उठी। साईं पालकी में विराजमान थे और उनके जयघोष से सारा वातावरण गुंजायमान था। भक्तगण बड़े ही भक्तिभाव से साईं भजन गा रहे थे। महिलाएँ बाबा पर पुष्पवर्षा कर रही थीं।

साईं की पालकी द्वारिकामाई पहुँची तो उन्हें आसन पर बिठाया गया और वहीं विश्वनाथ के भेजे हुए जासूस ने सबके बीच पूछ लिया—"साईं शब्द का अर्थ क्या है?"

बाबा से तो कुछ न छिपा था। वे जानते थे कि विश्वनाथ ने ही उसे इस तरह के प्रश्न करने के लिए भेजा है कि बाबा सबके बीच निरुत्तर हो जाएँ और वह सबको कह सके कि वह उनसे अधिक विद्वान् है।

बाबा ने उत्तर दिया—"साईं शब्द में दो अक्षर हैं—सा तथा ईं। 'सा' शब्द का अर्थ हुआ देवी तथा 'ईं' शब्द का अर्थ हुआ माँ। इसके अतिरिक्त हम अपने पिता को 'बाबा' कहते हैं। इस संसार में देवी माँ तथा परमपिता से हमारा नाता ही अटूट है। जो मुझे साईं कहकर अपना लेते हैं, मैं आजीवन उनके सुख-दुःख का भार वहन करता हूँ। उन्हें अपना मान लेता हूँ।"

बाबा के ये वचन सुनकर सभी धन्य हो उठे। विश्वनाथ तक भी शब्द की परिभाषा पहुँची, परंतु कपटी के मन का कपट इतनी सरलता से कहाँ जाता है! भले ही उसके पास आनेवालों की संख्या घट गई थी किंतु वैद्यकी के नाम पर तो अब भी लोग आते ही थे।

ऐसे ही एक किसान था धांधू। उसकी पत्नी कई दिन से बीमार थी और पंडितजी की दवा कारगर नहीं हो पा रही थी। वह कई बार दवा ले जा चुका था, परंतु कोई असर होने की बजाय तबीयत बिगड़ती ही जाती थी। वह पंडित विश्वनाथ के पास पहुँचा। वे उस समय साईं के चमत्कारों की चर्चा सुनकर बिगड़े हुए थे।

धांधू की किस्मत खराब निकली कि उसने भी जाते ही बखान शुरू कर दिया कि शोभायात्रा कितनी शान से निकली और कितना आनंद आया। पंडितजी का पारा सातवें आसमान पर पहुँच गया। एक किसान की इतनी मजाल कि उनके सामने उस कल के आए छोकरे साईं की बड़ाई करे। बौखलाकर बोला, ''साईं का इतना ही दीवाना है तो वहीं जाकर मर। उसी से बीवी की दवा ले ले। मेरे दरवाजे पर नाक क्यों रगड़ता है?''

धांधू तो जैसे आसमान से गिरा। उसे तो याद ही नहीं रहा था कि विश्वनाथ को साईं फूटी आँख नहीं भाते। साईं के गुणगान की अच्छी सजा मिली उसे। उस समय तो किसान का मन रो दिया, किंतु किसे पता था कि उसके जीवन में आगे आनेवाली घटनाएँ सकारात्मकता और आशा का संदेश लाने वाली थीं।

घर पहुँचा तो माँ ने बहू को दवा पिलाने को कहा। उसे तो यही पता था कि बेटा बहू की दवा लाने गया है। धांधू ने निराश मन से सारी बात सुना दी। उसकी माँ बोली, ''जब कोई रास्ता न सूझे तो साईंनाथ राह दिखाते हैं। मेरी मान, आज उन्हीं का पल्ला थाम ले। वही तेरे दुःख हरेंगे। मुझे पूरा विश्वास है कि तू साईं के दर से खाली हाथ नहीं आएगा। वे तो सब के मन की जानते हैं। तेरी पीड़ा भी समझेंगे।''

धांधू द्वारिकामाई पहुँचा तो बाबा अपने भक्तों को अध्यात्म और भक्ति का सच्चा मार्ग समझा रहे थे। बदहवास धांधू उन्हें देखते ही रही-सही सुध भी गँवा बैठा और छोटे बालकों की तरह फूट-फूटकर रोने लगा। उसकी पत्नी को कुछ हो गया तो उसके बच्चों और परिवार का क्या होगा? उन मासूमों का जीवन नष्ट हो जाएगा।

बाबा ने स्नेह से पास बुलाया, ''धांधू! विश्वनाथ के सामने मेरा गुणगान करने लगे। बड़े भोले हो, इतना भी नहीं जानते कि वह तो हमसे ईर्ष्या रखता है। तुमने अपना धर्म निभाया और अब हमारी बारी है। पंडित ने दवा नहीं दी तो क्या हुआ। अल्लाह मालिक है।''

यह कहकर उन्होंने किसान के हाथ में भभूत थमा दी। धांधू आश्चर्यचकित

था। उसने तो अभी बाबा से कुछ कहा ही नहीं था और वे जैसे उसके आने की ही प्रतीक्षा में थे। हाथ में विभूति आते ही वह साष्टांग कर घर की ओर भागा।

पत्नी राधा की दशा गिरती जा रही थी। एक-एक पल भारी पड़ रहा था। उसने जाते ही पत्नी के माथे पर भभूत मल दी, देखते-ही-देखते उसकी स्त्री ने आँखें खोल दीं, जो जाने कितने दिनों से मरणासन्न अवस्था में बेसुध पड़ी थी।

उसके चेहरे की मुसकान ने सबको आश्वस्त किया। धांधू ने मन-ही-मन तय किया कि वह कल बाबा को धन्यवाद देने जाएगा कि उनकी दी भभूत के कारण राधा को आराम आने लगा है। भागदौड़ से थका-टूटा धांधू कुटिया के बाहर बिछी चारपाई पर विश्राम करने लगा।

माँ किसी काम से पड़ोस में गई थी और बच्चे उसकी बहन के साथ बाहर खेल रहें थे। अचानक घर के चूल्हे से उठते धुएँ ने उसका ध्यान आकर्षित किया। उसे लगा कि कहीं आग ही न लग गई हो। वैसे भी वृद्धावस्था व नेत्रहीनता के कारण माँ सारा काम नहीं सँभाल पाती है।

घर के भीतर गया तो आँखें फटी-की-फटी रह गईं। पत्नी राधा चूल्हे पर भोजन पका रही थी। वह तो उसे बिस्तर पर सोते छोड़ गया था। हाँ, उसे होश तो आया था, पर रोग की कमजोरी इतनी थी कि वह बिस्तर से उठ भी नहीं सकती थी।

राधा ने उसे देखा तो हँसकर बोली, ''बहुत दिन से बिस्तर तोड़ रही हूँ। माँ पर सारे घर का भार आ गया था। अब साईं की मेहर से बिलकुल स्वस्थ हूँ। मीठा बना रही हूँ। पहले बाबा को भोग लगाकर आएँगे और फिर तुम्हें खिलाऊँगी। कितने दिन हो गए, तुम्हें अपने हाथ से कुछ भी पकाकर नहीं खिला सकी।''

धांधू को तो जैसे काठ मार गया। वह बोला, ''क्या सच राधा! तुम बिलकुल स्वस्थ हो? तुम्हें रोग के कारण कोई कमजोर नहीं हो रही?''

''नहीं! मैं पहले से भी अधिक ताकत महसूस कर रही हूँ और मुझे पता है कि यह बाबा की भभूत का कमाल है। माँ ने मुझे सब बता दिया कि किस तरह विश्वनाथ ने जब दवा देने से इनकार कर दिया तो आपने बाबा की शरण ली और उन्होंने अपनी भभूत के चमत्कार से मुझे मौत के मुँह में जाने से बचा लिया।''

उस रात धांधू और उसकी पत्नी हलवे का भोग लेकर बाबा के पास पहुँचे और महीनों से बीमार पड़ी राधा को वहाँ देख सबके बीच खलबली मच गई। बाबा के जयघोष से मसजिद का रोम-रोम पुलकित हो उठा।

❑

13

नेत्रहीन वृद्धा की पुकार

धांधू घर लौटा तो माँ द्वार पर ही बैठी थी। गाँववालों से सारी खबर मिल चुकी थी, पर जब तक बेटे-बहू को अपनी बाँहों में न भर ले, उसे चैन कहाँ आनेवाला था।

राधा ने उसके चरण छूकर कहा, "माँ, आज बाबा की कृपा से हमारे घर की खुशियाँ लौट आईं।"

"हाँ पुत्री, बाबा जिस पर अपनी मेहर का हाथ रख देते हैं, उसके जीवन से दुःख और कष्ट उसी तरह ओझल हो जाते हैं, जैसे पवन के झोंके से आकाश में तैरते बादल तितर-बितर हो जाते हैं।"

राधा ने पूरे परिवार को भोजन करवाते हुए कहा, "आज शाम को जब मैं सो रही थी तो मैंने स्वप्न में बाबा को देखा। वह हमारी कुटिया में आए थे। उन्होंने मेरे माथे पर हाथ फेरा और बोले कि बिस्तर से उठ जा। तू बिलकुल भली-चंगी है। चल, चूल्हा जला और कुछ मीठा पकाकर मसजिद में ला। तभी मैं हलुवा लेकर वहाँ गई थी।"

नेत्रहीना माँ बोली, "बेटी! बाबा की कृपा तो अपरंपार है। यदि वे मुझ पर भी अपनी मेहर बरसा दें तो मैं अपने पोते-पोतियों का मुँह देख लूँ। बिटिया की शादी को अपनी आँखों से देखकर अपने जीवन भर की साध पूरी कर लेती।"

"हाँ माँ ! बाबा तो अंतर्यामी हैं। सबकुछ उनके हाथ में है।"

राधा बोली, "मुझ रोगिणी के स्वप्न में आकर मुझे उठने का आदेश देने और पूरी तरह से स्वस्थ कर देने वाले बाबा कुछ भी कर पाने में सक्षम हैं। केवल हमीं क्यों, कितने गाँववाले बाबा के चमत्कारों की महिमा का बखान करते हैं। मुझे पूरा विश्वास है कि माँ की नेत्रज्योति भी लौट आएगी।"

धांधू बोला, "हम कल ही बाबा के दर पर जाकर गुहार लगाएँगे। वे मेरी माँ

की आँखों की जोत लौटा दें तो मैं सारी जिंदगी उनके चरण धो-धोकर पीऊँगा।''

माँ बिस्तर पर बैठकर बाबा का ध्यान करने लगी। इतने में जाने राधा को क्या सूझी। वह झट से उठी और भीतर से बाबा की भभूत वाली पुड़िया उठा लाई। फिर उसने ननद से सुरमा लगानेवाली सलाई मँगाकर पति से कहा, ''ऐ जी! हम कल तक की भी प्रतीक्षा क्यों करें। हमारे पास बाबा के आशीर्वाद स्वरूप दी गई भभूत तो घर में ही मौजूद है। हो सकता है कि इसे आँखों में लगाने से ही माँ सबकुछ देखने योग्य हो जाएँ और कल हम सब मिलकर बाबा के दर पर माथा टेकने चलें।''

धांधू को भी लगा कि राधा सच ही कह रही है। बाबा पर सच्चा विश्वास और श्रद्धा रखनेवालों का विश्वास कभी खंडित नहीं होता। उस दिन भी यही तो हुआ। जैसे ही राधा ने सलाई से माँ की आँखों में भभूत लगाई, पहले तो बहुत पानी निकला और फिर माँ की दृष्टि धुँधलाते-धुँधलाते प्रखर हो उठी। वे उल्लसित स्वर में बोलीं, ''ये क्या! मैं तुम सबको देख सकती हूँ।'' बरसों से जिस पुत्र को हाथों से टोह-टोहकर देखती आ रही थी, उसी को प्रत्यक्ष देखकर माँ के उछाह की सीमा न रही। बहू ने झट से बाबा को याद कर हाथ जोड़े और अपने विश्वास की रक्षा के लिए आभार प्रकट किया।

उस रात धांधू के घर में दीवाली मनाई गई। पूरा परिवार खुशियों के अथाह सागर में तैर रहा था। कोई भी सोना नहीं चाहता था। सभी सुबह होने की व्यग्रता से प्रतीक्षा कर रहे थे, ताकि द्वारिकामाई जाकर साईं को सब बता सकें।

सुबह होते ही आस-पड़ोस में भी समाचार फैल गया कि राधा के स्वस्थ होने के बाद उसी भभूत के प्रयोग से अंधी माँ की नेत्रज्योति भी लौट आई। सीधे-सरल ग्रामवासियों के चेहरों पर छाया उल्लास देखने योग्य था। वहाँ विश्वनाथ के सिवा ऐसा कोई न था, जिसे यह सब सुनकर प्रसन्नता न हुई हो।

धांधू के परिवार के साथ-साथ दूसरे लोग भी बाबा के दर पर जा पहुँचे। उन्हें शिरडी में ही सबके दुःखों को दूर करने का मंत्र मिल गया था। शिरडी साईं को पाकर धन्य हो उठी थी। बाबा सबकी व्यथा हरते। दूर-दूर से लोग अपनी समस्याएँ और कष्ट लेकर आने लगे। किसी को सामान्य उपचार बताते तो किसी के साथ ऐसा चमत्कार घटता कि वह हमेशा के लिए बाबा का अनन्य भक्त हो जाता।

कितने ऐसे लोग आए जो केवल बाबा के विषय में प्रचलित प्रसंगों की सत्यता की परख के लिए आए थे, किंतु अंततः वे भी बाबा की जय-जयकार करते लौटे। धीरे-धीरे शिरडी के साईं की द्वारिकामाई एक ऐसे तीर्थ के रूप में विख्यात होती जा रही थी, जहाँ आकर सबको मानसिक व आत्मिक शांति प्राप्त होती थी। ❑

14

बाबा का विचित्र शयन

साईं के भक्तों का आना-जाना बढ़ा तो उन पर स्नेह होना स्वाभाविक ही था। वे अपने बाबा के लिए एक बार लकड़ी का तख्त ले आए, ताकि साईं को सोने में कष्ट न हो, किंतु बाबा की तो प्रत्येक लीला ही न्यारी होती थी। उन्होंने उस तख्त को जमीन पर रखने की बजाय चिंदियों से बाँधकर लटका दिया और इस तरह वह एक झूला सा बन गया। भक्तों की भीड़ भी कभी पता नहीं लगा सकी कि बाबा उस तख्त पर कब चढ़ते या उतरते थे। उनके पास सिद्धियाँ थीं, परंतु वे अपनी सिद्धियों का अनावश्यक प्रयोग करना पसंद नहीं करते थे।

सन् 1890 की बात है। उन दिनों बाबा के पास जीर्ण-शीर्ण मसजिद में म्हालसापति, माधवराव व तात्या रहते थे। वे भक्त दिन-रात साथ रहने पर कभी जान ही नहीं पाए कि बाबा रात को तख्त पर कब जाते थे या नीचे कब उतरते थे।

एक दिन माधवराव ने कहा, "साईं! यह तख्त तो चिंदियों के सहारे झूल रहा है। मुझे तो समझ नहीं आता कि यह आपका भार कैसे उठा लेता है। जब आप इस पर विराजते हैं तो मुझे यही भय लगा रहता है कि कहीं यह नीचे न गिर जाए।"

बाबा मुसकराकर बोले, "माधव! मेरे लिए ये बातें कोई मायने नहीं रखतीं। मैं तो सर्वत्र विद्यमान हूँ।"

धीरे-धीरे उस चमत्कारी तख्त की चर्चा इतनी अधिक होने लगी कि भक्त कौतूहलवश उसे ही देखने आने लगे।

एक दिन बाबा ने आवेश में आकर उस तख्त के टुकड़े-टुकड़े करके और बाहर फेंक दिया। मसजिद में सोने से पूर्व बाबा घने वनप्रांतर या गड्ढों में ही सो जाया करते थे।

बहुत मुश्किल से उन्होंने मसजिद में सोने का आग्रह माना, किंतु वहाँ भी वे

धूल से भरे ऊबड़-खाबड़ फर्श पर ही सोते थे। कभी बिस्तर की बजाय बोरी बिछा लेते तो कभी बाँस की पत्तियाँ काम आतीं। उनका तख्ता बिस्तर का काम नहीं कर पाया, किंतु उसने भक्तों को बाबा का एक नया ही रूप देखने का अवसर अवश्य दे दिया था। उन्होंने उस झूलते तख्त के माध्यम से भक्तों को संदेश दिया कि ऐसे विचित्र प्रकार से वही शयन कर सकता है, जिसका आसन सिद्ध हो व जिसने निद्रा को भी वश में कर लिया हो।

❑

15

बाबा का कौआ

द्वारिकामाई में सदा भक्तों का ताँता लगा रहता था। तात्या व म्हालसापति तो सारा दिन साथ ही रहते थे। अन्य भक्तगण अपनी सुविधा के अनुसार बाबा के दर्शन करने आते रहते। उनके लिए बाबा की मसजिद ऐसी ही थी मानो अपने इष्टदेव का देवालय हो। कई लोग तो बाबा के दर्शन किए बिना अपने दिन को ही अधूरा मानते थे।

ऐसा ही एक दिन था। बाबा अपने भक्तों के साथ वार्त्तालाप में मग्न थे। अचानक बोले—

"तात्या, मेरा कौआ मसजिद में आ गया।"

तात्या ने हैरानी से देखा तो उसे अपने आसपास कोई पक्षी दिखाई नहीं दिया। दूसरे भक्त भी हैरानी से देखने लगे। तभी वहाँ अब्दुल नामक व्यक्ति ने प्रवेश किया। उसे फकीर अमीरुद्दीन ने शिरडी में बाबा की सेवा के लिए भेजा था। बाबा ने उसे स्वप्न में ऐसा करने का आदेश दिया था।

बाबा ने अब्दुल को पास बिठाकर कहा, "अल्लाह मालिक! तू मेरे लिए कुरान शरीफ का पाठ करेगा। तू मेरा कौआ बनेगा?"

अब्दुल भावविगलित हो बोला, "हाँ बाबा! मैं आपकी मसजिद में बुहारी दूँगा। दीया-बाती को साफ करूँगा। आपकी नित्यक्रिया की सेवा में उपस्थित रहूँगा। मैं आपका भंगी बनूँगा।"

आसपास बैठे लोगों को हैरानी हो रही थी कि वे दोनों आपस में क्या बातें कर रहे हैं।

शामा ने पूछ ही लिया—"बाबा! आप इसे पहले से जानते हैं?"

बाबा बोले, "जानना क्या केवल इस भौतिक देह से ही होता है? मैं तो इसे जाने कब से जानता हूँ। यह अपने फकीर के आदेश से मेरी सेवा करने आया है। यह चावड़ी के समीप ही रहेगा। भिक्षाटन से अपना पेट भरेगा। इसकी निष्ठा और

सबूरी प्रशंसनीय है। मेरे जाने के बाद यह मेरी समाधि पर शॉल और फूल चढ़ाएगा।''

इतने में तात्या ने कहा, ''तो इसे अपनी सेवा का पुरस्कार क्या मिलेगा?''

अबकी अब्दुल बोला, ''यदि बाबा मुझे अपनी डायरी में इनकी शिक्षाओं व प्रवचनों को लिखने की अनुमति दे दें तो मैं माँनूगा कि मेरा जीवन सफल हो गया।''

बाबा ने सहमति प्रकट की और उस दिन से अब्दुल उनका अनन्य भक्त हो गया। वह उनकी भौतिक आवश्यकताओं का ध्यान रखने के साथ कुरान शरीफ का पाठ भी करता था। बाबा के शुद्ध हिंदू भक्तों के बीच बैठा अब्दुल ऐसा ही जान पड़ता था मानो बाबा ने ईश्वर और अल्लाह को भी एक रूप कर दिया हो।

बाबा के कहे अनुसार ही वह उनके समाधिस्थ होने के बाद भी कब्र पर पुष्प अर्पित करता रहा। उसकी डायरी में बाबा के कहे वचनों का अमूल्य कोष संकलित था। वह अपने जीवन के अंतिम क्षण तक बाबा के भक्तों की सेवा करता रहा।

बाबा के एकनिष्ठ भक्तों में डॉक्टर पिल्लै का नाम भी आता है। एक बार उनको नासूर हो गया। वे जान गए कि पूर्व जन्मों के कष्ट के कारण ही वे अत्यंत पीड़ा भोग रहे हैं। कोई भी दवा काम नहीं कर रही थी। तब नाना साहेब ने पैर में पट्टी बाँध दी कि संभवत: उससे थोड़ा-बहुत आराम आ जाए।

बाबा ने समझाया—''इस संसार में हम सबको अपना प्रारब्ध भोगना ही होता है। इसलिए ईश्वर से प्रार्थना करनी चाहिए कि वह हमें हमारे कष्ट सहने की शक्ति दे, क्योंकि हम अपने कर्मों के फल से कहीं भागकर जा ही नहीं सकते। हमें इस संसार के कष्टों से घबराकर मृत्यु की कामना कभी नहीं करनी चाहिए। हमें ईश्वर ने जो मानुष तन सौंपा है, वह बड़े ही भाग से मिलता है, इसलिए इसका पूरा सदुपयोग करना चाहिए।''

फिर बाबा ने उनके पैर की पट्टी हटवा दी और कहा, ''यहीं मेरे पास लेट जाओ। अभी एक कौआ आकर इस घाव में एक चोंच मारेगा और तुम्हें आराम मिल जाएगा।''

इस बातचीत के बीच वहाँ अब्दुल आ गया और उसने दीया-बाती साफ करते समय बेध्यानी में डॉक्टर के पैर पर पैर रख दिया। डॉक्टर साहब दर्द से चिल्ला उठे और उनके नासूर से कीड़े निकल गए। वे किसी तरह दर्द पर काबू पाकर बाबा का भजन गाने लगे और पूछा, ''बाबा! कौआ चोंच मारने कब आएगा?''

बाबा हँसकर बोले, ''यह अब्दुला ही तो मेरा कौआ है। तुम्हारे पैर को दबा कर उसने सारे कीड़े निकाल दिए हैं। अब घर जाकर विश्राम करो। आराम आने में देर नहीं लगेगी।'' ❑

16

रहस्यमयी दक्षिणा

इस अध्याय में हम आपको बाबा द्वारा भक्तों से दक्षिणा माँगने के पीछे छिपे अभिप्राय की जानकारी देंगे। इस संसार में सबको सबकुछ नहीं मिलता। ईश्वर कोई-न-कोई ऐसा कारण बना दी देते हैं कि अपने धन के मद में चूर व्यक्ति को उन्हें स्मरण करने का अवसर बना रहे। नांदेड़ के रतनजी शापुरजी वाडिया नामक व्यापारी के पास भौतिक सुख-सुविधाओं का अभाव नहीं था। वे पूरी तरह से समृद्ध और संपन्न थे, किंतु संतान के अभाव में उन्हें अपना प्रत्येक सुख नगण्य जान पड़ता था।

रतनजी सदैव इसी चिंता में व्यथित रहते कि उनके बाद उनकी अथाह संपदा कौन भोगेगा? दासगणु महाराज की आज्ञा से वे साईं की शरण में गए और बाबा के पास बैठकर प्रार्थना करने लगे। बाबा ने कहा, "तू मुझे पाँच रुपए दक्षिणा दे दे।"

जैसे ही वे देने लगे तो बाबा बोले, "अरे नहीं, तू मुझे तीन रुपए चौदह आने तो दे ही चुका है। चल केवल दो रुपए ही दे दे।"

किसी को कुछ समझ नहीं आया। रतनजी तो पहली बार बाबा से भेंट कर रहे थे, तो उन्होंने बाबा को वे पैसे पहले कब दिए। यदि दिए होते तो कम-से-कम रतनजी को तो याद ही होता।

बाबा की भभूत लेकर उन्होंने अपने घर को प्रस्थान किया। मन को विश्वास हो गया था कि यदि बाबा ने आशीर्वाद दे दिया है तो उनकी मन्नत अवश्य पूरी होगी। दासगणु भी वह पहेली नहीं सुलझा पा रहे थे।

अचानक उन्हें याद आया कि रतनजी ने कुछ समय पहले नांदेड़ के एक यवन मौला को अपने घर जलपान के लिए निमंत्रित किया था। उन्होंने तत्क्षण आतिथ्य सत्कार के व्यय की सूची मँगवाई और वे यह देखकर अचरज में पड़ गए कि उस जलपान में तीन रुपए और चौदह आने ही लगे थे।

अब उन्हें समझ आया कि बाबा ने यह क्यों कहा कि वे पहले ही यह राशि ले चुके हैं। भूत, भविष्य और वर्तमान के ज्ञाता बाबा को शिरडी के बाहर घटी उस घटना के विषय में भी पूरी जानकारी थी। उचित समय आने पर रतनजी को पुत्र प्राप्ति हुई और बाबा में उनकी निष्ठा व विश्वास और भी दृढ़ हो गए।

बाबा फकीर थे, उन्हें किसी भी तरह की मोह-माया नहीं व्यापती थी, किंतु इसके बावजूद वे आनेवाले भक्तों से नाना प्रकार से दक्षिणा लिया करते थे। दर्शनार्थी भक्त अपने भक्ति-भाव से कुछ भी उपहार ले आते थे, जैसे—खाद्य पदार्थ, मिठाई, सोने या चाँदी के पात्र, आभूषण व अनेक प्रकार की वस्तुएँ, परंतु दक्षिणा के संबंध में साईं की माँग बहुत ही विचित्र होती थी और साधारण मानुष प्रायः उसका मर्म नहीं जान सकते थे।

प्रारंभिक काल में तो बाबा किसी से कुछ नहीं लेते थे। कुछ समय बाद जब भक्तों का आग्रह बढ़ा तो बाबा उनसे एक पैसे की दक्षिणा लेने लगे। यदि कोई दो पैसे देता तो वे उसे उसी समय एक पैसा लौटा देते। कालांतर में बाबा अपने भक्तों से दक्षिणा माँगकर लेने लगे, किंतु इस विषय में उनका कहना यही था—"मैं जो कुछ भी स्वीकार करता हूँ, मुझे उसे सौ गुना से अधिक वापस करना पड़ता है।"

वे कभी उस धन का उपयोग अपने लिए नहीं करते थे। वह भक्तजनों के कल्याणार्थ ही व्यय होता था। उन्होंने शिरडी के सभी देवालयों का जीर्णोद्धार करवाया। कई बार ऐसी परिस्थितियाँ भी आईं, जब उन्होंने किसी की दक्षिणा स्वीकार करने से ही इनकार कर दिया। कभी वे दी गई दक्षिणा में से कुछ राशि वापस लौटा देते और उसे सँभालकर रखने को कहते। इस तरह उस दाता को बहुत लाभ होता था। कई बार कोई व्यक्ति मन-ही-मन दक्षिणा देने की मन्नत मानकर भी न देता तो वे उसे किसी-न-किसी तरह स्मरण करवा देते कि उसने क्या मन्नत माँगी थी। यदि कोई इच्छित राशि से अधिक देना चाहता तो उसे वह धन लौटा देते। किसी-किसी से तो वे दिन में कई बार दक्षिणा ले लिया करते थे। उन्होंने हमेशा मूल्यवान उपहारों का विरोध किया और कई बार तो वे ऐसे लोगों को अपशब्द तक कहने लगते थे।

अनेक ऐसे अवसर भी आए जब उन्होंने प्रतीकात्मक रूप में दक्षिणा की माँग की। एक महिला भक्त से उन्होंने छह रुपए देने को कहा, वह बहुत दुःखी हो गई, क्योंकि उसके पास तो देने के लिए कुछ नहीं था। महिला के पति ने कहा, "बाबा, ने तुमसे जो रुपए माँगे हैं, दरअसल वे तुमसे षड्‌रिपुओं का दान माँग रहे हैं, ताकि तुम उनसे मुक्त हो सको।"

बाबा मुसकरा दिए और उस महिला के हृदय को भी सांत्वना मिली।

बाबा प्रतिदिन मिली दक्षिणा को उसी दिन नाना प्रकार से खर्च कर देते।

एक बार किसी से दक्षिणा माँगी तो उसने विवश भाव से कहा, ''मेरे पास तो आपको देने के लिए पाई तक नहीं है।''

बाबा बोले, ''तुम योगवसिष्ठ का अध्ययन करते हो न, उसी में से कोई शिक्षा ग्रहण करके मन-ही-मन मुझे अर्पित कर दो। बस मेरे लिए तो वही दक्षिणा होगी।''

इस प्रकार भक्तों की आध्यात्मिक उन्नति के लिए ही बाबा ने इस दक्षिणा का चलन आरंभ किया था।

बाबा के एक भक्त थे अप्पा साहेब। एक बार वे अपने घर से किसी काम से बाहर गए हुए थे कि बाबा जैसे दिखनेवाले फकीर ने द्वार खटखटाया। परिवारवालों ने चित्र में ही बाबा को देखा था। उन्होंने उससे पूछा, ''क्या तुम शिरडी वाले बाबा हो?''

वह बोला, ''नहीं, मैं तो उनका एक दास हूँ। उन्होंने आप सबका हालचाल पूछने भेजा है।''

फकीर ने उन्हें एक भभूत की पुड़िया दी और गृहिणी ने एक रुपया भेंट कर दिया।

अप्पा साहेब घर लौटे तो पत्नी ने कहा कि उन्होंने साईं बाबा जैसे दिखते फकीर को एक रुपए की दक्षिणा दी थी।

अप्पा साहेब के मन में आया कि हो-न-हो वे स्वयं बाबा ही थे। वे बोले, ''यदि मैं होता तो उन्हें कम-से-कम दस रुपए की दक्षिणा अवश्य देता।''

कहते हैं कि अप्पा साहेब बिना कुछ खाए-पिए बाबा को खोजने चल दिए। बहुत खोजबीन करने पर भी पता नहीं चला तो उन्हें अचानक याद आया कि बाबा ने कहा था—'भूखे पेट ईश्वर को मत खोजो। वह तुम्हारा पिता है। भला पिता अपने बच्चों को भूखा देख सकता है?'

अप्पा साहेब ने घर जाकर जलपान किया और फिर से साईं की खोज में निकले। कुछ ही समय में उन्होंने उस फकीर को खोज लिया, जो बाबा जैसे दिखते थे। फकीर ने दक्षिणा के लिए हाथ बढ़ाया तो उन्होंने एक रुपया दे दिया। फकीर ने और माँगे तो उन्होंने दो रुपए और दे दिए। फकीर का हाथ फैला ही रहा तो उन्होंने मित्र से तीन रुपए उधार लेकर दे दिए। तब भी वह माँगता ही रहा तो अप्पा साहेब बोले, ''यदि आप घर चल सकें तो आपकी मुराद पूरी हो पाएगी, क्योंकि यहाँ तो और पैसे नहीं हैं।''

वे सभी घर आए तो फकीर को तीन रुपए और दिए गए। इस प्रकार उसे नौ रुपए मिल गए। हैरानी की बात तो यह थी कि फकीर अब भी असंतुष्ट था। तब अप्पा साहेब बोले, ''मेरे पास तो ये दस का नोट है।''

फकीर ने उनसे दस का नोट लिया और नौ रुपए लौटाकर चला गया। कोई नहीं समझ पाया कि यह क्या कौतुक था। इस प्रकार अप्पा को बाबा के हाथों नौ रुपए प्राप्त हुए। वैसे भी नौ के अंक को नवध भक्ति से जोड़ा जाता है। मैंने यह प्रसंग यहाँ इसलिए दिया, ताकि पाठक जान सकें कि बाबा का दक्षिणा माँगने का अंदाज ही अनूठा था।

ऐसी ही एक और घटना सुनने में आती है, जब ठाणे के हरिभाऊ बाबा से भेंट करने शिरडी आए तो अपने साथ पर्याप्त दक्षिणा व उपहार लेकर आए। बाबा के दर्शन भी हो गए और फिर वे घर की ओर प्रस्थान करने लगे तो मन में आया कि बाबा को भेंट में एक रुपया और देना चाहिए।

...किंतु तब तक वे मसजिद से बाहर आ चुके थे और सबसे विदा भी ले चुके थे। अपने इस संकल्प को आगे के लिए रखकर वे चल दिए। रास्ते में नासिक में कालाराम मंदिर के दर्शन के लिए ठहरे।

वहाँ संत नरसिंह महाराज रहते थे। वे भक्तों के बीच से उठे और सीधे उनके पास आकर बोले, ''मेरी दक्षिणा का एक रुपया निकालो।''

हरिभाऊ हैरान रह गए। उन्होंने सहर्ष दक्षिणा दे दी, किंतु उस दिन के बाद से उनका यह विचार और भी पक्का हो गया कि बाबा सबके साथ अभिन्न हैं और उनसे कुछ भी छिपा नहीं है। उन्होंने ही संत नरहरि के हाथों भाऊ का संकल्प पूरा करवा दिया था।

❑

17

दो पैसों का अर्थ

श्री साईं के चरणों में अटल विश्वास रखनेवाली श्रीमती राधाबाई शिरडी पधारी। वृद्धा बाबा पर असीम भक्ति रखती थी, इसलिए उसने मन-ही-मन ठान लिया कि वह बाबा को अपना गुरु बना कर उनसे कोई गुरुमंत्र लेने के बाद ही अन्न-जल ग्रहण करेगी।

इसी तरह तीन दिन व्यतीत हो गए। शामा को पता चला तो उसके मन को कष्ट हुआ कि बाबा के नाम पर एक वृद्धा कष्ट उठा रही है।

पहले तो उसने स्वयं उस महिला को समझाना चाहा कि बाबा तो किसी को भी गुरुमंत्र नहीं देते। यहाँ ऐसी कोई परिपाटी नहीं है। उसे उनके दर्शनों से ही संतोष कर अपने घर लौट जाना चाहिए, किंतु उस वृद्धा ने तो जैसे अपनी मुराद पूरी करने की कसम खा ली थी। उसने अन्न का एक दाना तक मुख में न डाला।

इन परिस्थितियों में घबराकर शामा ने बाबा की शरण ली और उनसे कहा, "बाबा! आप तो जानते हैं कि वह वृद्धा किस प्रकार शिरडी में अनशन किए पड़ी है। आपसे भला क्या छिपा है! आपको शीघ्र ही उसके लिए कुछ करना होगा, यदि उसे कुछ हो गया तो मेरे साईं पर बात आएगी, जो मैं कभी सह नहीं पाऊँगा।"

बाबा ने शामा के सिर पर स्नेह से हाथ रखकर कहा—"जा, उसे बुला ला।"

वृद्धा बाबा के पास आई तो उन्होंने उसे बिठाकर कहा, "माँ, क्यों अनशन करके मृत्यु का आलिंगन करना चाहती हो। मैं तो तुम्हारा बेटा हूँ। भला कोई माँ बेटे से ऐसा व्यवहार करती है? अब तुम ध्यान से सुनो—मेरे गुरु बहुत जाने-माने सिद्ध थे। मैंने एक लंबे समय तक उनकी सेवा की किंतु उन्होंने कभी मुझे कोई गुरुमंत्र नहीं दिया। यद्यपि मैं चाहता था कि उनकी सेवा करके कोई मंत्र प्राप्त हो जाए।

"एक बार गुरु ने मेरा मुंडन करवाया और मुझे दो पैसे देने को कहा। तुम भी

सोचती होगी कि मेरे गुरु ने दो पैसे माँगकर सिद्ध कर दिया कि वे धन के लोभी थे। भौतिक सुखों से ऊपर नहीं उठ सके थे। नहीं, ऐसा सोचना अनुचित होगा, क्योंकि वे तो उन दो पैसों के रूप में मुझसे दृढ़ निष्ठा और धैर्य माँग रहे थे। मैंने उन्हें ये दोनों वस्तुएँ प्रदान कीं तो वे हर्षित हो उठे। मेरे स्नेही गुरु ने मुझे कभी अन्न या वस्त्र का अभाव नहीं होने दिया। मैं उनके दर्शनों के लिए सदैव व्याकुल रहता। इस प्रकार यह मेरी पहले पैसे की दक्षिणा थी। दूसरे पैसे की दक्षिणा के रूप में मैंने उन्हें अपना धैर्य दिया। धैर्य धारण करने से बड़े-से-बड़ा कष्ट भी छोटा जान पड़ता है।

"माँ, जब मेरे गुरु ने ही मुझे कोई मंत्र नहीं दिया तो मैं तुम्हें कोई मंत्र कैसे दे सकता हूँ? बस याद रखो कि गुरु की स्नेह पगी दृष्टि ही शिष्य का सबसे बड़ा संबल होती है। वह उसी के सहारे अपनी जीवनरूपी नैया को पार लगा लेता है। व्यर्थ में किसी से उपदेश पाने की बजाय मुझे ही अपने विचारों व कर्मों का ध्येय बना लो। गुरु में सच्चा विश्वास ही तो सबसे बड़ी पूँजी है, सबसे बड़ा मंत्र है। गुरु की महानता से परिचित होनेवाला ही उसे सदैव हरि, हर और ब्रह्मा के रूप में पूजता है।"

यह सब सुनने के बाद उस वृद्धा ने अपना उपवास खोल दिया और बाबा के श्रीचरणों में प्रणाम निवेदित कर लौट गई। उसने सही मायनों में अपना गुरुमंत्र पा लिया था।

❑

18

एक दैवीय चिकित्सक

साईं एक दैवीय चिकित्सक थे। उनके दर्शन मात्र से जाने कितने भक्त रोगमुक्त हो गए। दुष्टात्माओं ने पुण्य का मार्ग अपनाया। अनेक ने मनवांछित फल पाए। बाबा अपनी धूनी के समीप ही विराजते थे। उनके हाथ में बड़ा यश था। यदि वे किसी रोगी को प्रसाद के रूप में भभूत देते तो उसे निश्चित रूप से आरोग्य लाभ होता। इस प्रकार वे एक चिकित्सक के रूप में भी विख्यात हो गए थे।

उन्होंने अपने योगबल से जीवों के रोग हरने की शक्ति पा ली थी। किसी का दु:ख देखकर वे द्रवित हो उठते। कई बार तो उन्हें स्वयं अपने शरीर पर रोगी का कष्ट झेलना पड़ता था। एक बार एक स्त्री प्लेग से पीड़ित अपने पुत्र के साथ पहुँची। तेज बुखार के साथ बगलों में सूजन और गाँठें थीं। माँ फूट-फूटकर रो रही थी।

साईं ने बालक के शरीर पर हाथ फेरा और कुछ समय तक ध्यानमग्न रहे। कुछ ही देर में बच्चे का बुखार उतरने लगा और बगलों की सूजन भी घट गई।

बच्चे को आराम आया जानकर उसकी माँ ने शीश नवाया। बाबा ने आशीर्वाद देने के लिए हाथ उठाया तो सबने देखा कि बाबा की बगल में वही फोड़े निकल आए थे।

बच्चे की माँ बिलख उठी—''बाबा! आपने मेरे पुत्र का रोग अपने सिर ले लिया।''

उसने चरणस्पर्श किए तो पाया कि बाबा का शरीर बुखार से जल रहा था। भक्त जय-जयकार कर उठे। ऐसे उपचारक की महिमा अपरंपार है, जो रोगी का रोग भी अपने सिर ले ले।

साईं के जीवनकाल में व उनकी महासमाधि के बाद भी ऐसी अनेक घटनाओं का पता चलता है, जब उन्होंने असाध्य रोगों से ग्रस्त रोगियों का भी निदान किया था।

पूना का निवासी एक व्यक्ति टी.बी. का रोगी था। चिकित्सकों के अनुसार उसके बचने की आशा नाममात्र को ही थी। उसकी दशा इतनी गंभीर थी कि वह बिस्तर से उठ तक नहीं सकता था। साईं भक्त नाना साहब चाँदोरकर उसके मित्र थे।

नाना साहब ने साईं से अपने मित्र की दशा के बारे में बात की तो वे बोले, ''उसे यहाँ बुलाना होगा।''

उस व्यक्ति को बिस्तर पर ही शिरडी लाने की व्यवस्था की गई। बाबा ने देखकर कहा कि वह व्यक्ति अपने पिछले कर्मों के कारण कष्ट भुगत रहा है। रोगी तो अपने जीने की आशा ही छोड़ बैठा था। उसने बाबा से कहा, ''मुझे आशीर्वाद दें कि मैं चैन से मर सकूँ, क्योंकि मुझे अब बचने की कोई आशा नहीं दिखती।''

बाबा ने उसे कुछ समय तक शिरडी में ही ठहरने को कहा। नाना साहब चाहते थे कि मित्र उनके यहाँ आरामदायक वातावरण में रहे, किंतु बाबा ने उसे एक ऐसे भक्त के यहाँ ठहरने को कहा, जिसका घर रोगी के लिए बिलकुल आरामदायक नहीं था।

उसी रात रोगी ने स्वप्न में देखा कि वह गृहकार्य पूरा न हो पाने के कारण कक्षा में अध्यापक से मार खा रहा है और दूसरे स्वप्न में उसने देखा कि कोई उसे पत्थर से चोट पहुँचा रहा है। उसे बहुत तेज दर्द महसूस हुआ।

अगले दिन वह सोकर उठा तो आश्चर्य की सीमा न रही। वह तो भला-चंगा हो गया था। वह भागा-भागा बाबा के पास गया और उनके चरणों में गिर गया। जो व्यक्ति बिस्तर से भी नहीं उठ पा रहा था, वही आज ऐसा लग रहा था मानो उसे कुछ हुआ ही न हो। साईं की दिव्य दृष्टि ने उसके पूर्वजन्मों के पाप भी काट दिए थे।

ऐसे ही एक और भक्त का भी विवरण आता है, जिसे मलेरिया हो गया था। कई तरह की चिकित्सा के बाद भी आराम नहीं आया तो वह साईं की शरण में पहुँचा। इलाज में इतना पैसा लग चुका था कि खाने के भी लाले थे। बाबा बोले, ''सब ठीक हो जाएगा। जा, चावल के एक कटोरे में दही मिलाकर लक्ष्मी मंदिर के बाहर बैठे काले कुत्ते को खिला दे।''

वह व्यक्ति सोच में पड़ गया कि घर में तो खाने को कुछ भी नहीं है, वह चावल से भरा कटोरा कहाँ से लाएगा। इसी उधेड़बुन में घर पहुँचा तो रसोई में एक कटोरा मिला, जिसमें दही-चावल भरे थे। अब कटोरा हाथ में लेकर मंदिर की ओर चला, पर फिर भी कुत्ता मिलने के बारे में संदेह था।

वह पहले भी कई बार उस मंदिर में गया था, वहाँ कभी कोई काला कुत्ता नहीं दिखा। खैर, वहाँ पहुँचा तो सामने ही एक काला कुत्ता खड़ा था। मानो उसी की प्रतीक्षा कर रहा था। उसने कुत्ते को दही-चावल खिला दिए और घर आ गया। कुछ ही घंटों में उसकी हालत में सुधार होने लगा और अगले दिन तक वह पूरी तरह से रोगमुक्त हो चुका था। साईं ने उसके रोग का निदान कर दिया था।

साईं के काका महाजनी नामक एक भक्त थे। वे अतिसार रोग से पीड़ित थे। काफी समय बीत गया था, रोग काबू में ही नहीं आ रहा था, किंतु उन्होंने किसी से इसकी चर्चा नहीं की। वे सदैव एक लोटा पानी भरकर मसजिद के बाहर रख देते थे, ताकि यदि उन्हें अचानक शंका होने लगे तो वे जा सकें। उन्हीं दिनों मसजिद में फर्श बनवाने का कार्य चल रहा था, किंतु जैसे ही कार्य आरंभ हुआ, बाबा आवेश में आ गए और चिल्लाने लगे। चारों तरफ भगदड़ मच गई। सबने वहाँ से बाहर जाने में ही भलाई समझी। काका बाहर जाने लगे तो बाबा ने हाथ थामकर बिठा लिया। वहीं मूँगफली की एक थैली पड़ी थी। बाबा ने कुछ दाने निकाले और उन्हें खिलाए। वे स्वयं भी खाने लगे। जब थैली खाली हो गई तो बाबा ने पानी पीने की इच्छा प्रकट की। काका एक मटका पानी भर लाए।

बाबा ने पानी पिया और काका ने भी अपनी प्यास बुझाई। तब बाबा बोले, ‘‘अब तू आराम से फर्श बनवा। तेरा अतिसार ठीक हो गया है। तुझे न तो मसजिद के बाहर पानी का लोटा रखने की आवश्यकता है और न ही बार-बार निवृत्त होने के लिए जाना होगा। बड़े ही आराम से अपने कार्य की देखरेख कर। कैसा मूर्ख है रे! सोचा था कि बाबा से अपना रोग छिपा लेगा?’’

काका ने बाबा के चरण पकड़ लिये। जिस बात के बारे में उनके परिवार के सदस्य तक नहीं जानते थे। वे बाबा को पहले से ही ज्ञात थी। उस दिन के बाद वे पूरी तरह से रोगमुक्त हो गए।

अब यदि हम कहें कि मूँगफली खाने से आराम आया होगा तो यह तर्क तो असंगत जान पड़ता है। दरअसल, बाबा जिस भी व्यक्ति के रोग का निदान करते थे, जो भी उपाय बताते थे, वहाँ उस उपाय से नहीं अपितु उनके मुख से निकले पुण्य वचनों व असीम कृपा से ही लाभ होता था।

इस प्रकार बाबा की भभूत द्वारा रोगमुक्ति की भी अनेक घटनाएँ मिलती हैं। पूरी श्रद्धा और विश्वास से उनकी भभूत का सेवन करनेवाले भक्त अपने रोगों से मुक्त हो जाते थे।

❑

रामनवमी व गोपालकाला का पर्व

साईं बाबा हिंदू थे या मुसलमान, इस विषय में आरंभ में बहुत अनुमान लगाए गए। कभी वे अपनी बातों व कार्यों से मुसलमान जान पड़ते तो कभी लगता था कि वे तो सभी तीज-त्योहारों को सच्चे दिल से मनानेवाले हिंदू थे।

हिंदुओं की रामनवमी हो या मुसलमानों का चंदनोत्सव, बाबा के लिए दोनों ही आनंदोत्सव थे। ईद के दिन मसजिद में मुसलमान नमाज पढ़ते थे और गोकुल अष्टमी को 'गोपालकाला' उत्सव मनाया जाता था। वे मसजिद में निवास करते थे, हमेशा धूनी जलाए रखते थे, शंख तथा घंटानाद से सारा प्रांगण गूँजता था और होम आदि पूजन-अनुष्ठान भी किए जाते थे। प्राय: संसारी जीव सभी को ऐसे ही मापदंडों से तौलते हैं किंतु कुछ व्यक्ति ऐसी सभी बातों से कहीं परे होते हैं और बाबा भी उन्हीं में से थे। वे कोई साधारण कोटि के जीव न थे, जिन्हें आम लोगों के लिए बने नियमों से तौला जा सके—उनकी तो हर बात विचित्र थी।

कोपरगाँव में गोपालराव गंड नामक इंस्पेक्टर रहते थे। वे बाबा के परम भक्त थे। उनके घर काफी सालों बाद पुत्र का जन्म हुआ तो उनकी शिरडी में मेला या उर्स करवाने की इच्छा हुई। बाबा के अन्य भक्तों ने भी स्वागत किया। बाबा ने भी सहमति दे दी और फिर सारी बाधाएँ समाप्त होती चली गईं। बाबा ने कहा, "रामनवमी के दिन उर्स भरा जाएगा।"

इस कार्यक्रम में सबने मिल-जुलकर योगदान दिया। गाँव के बाहर से अतिरिक्त पेयजल मँगाया गया। कुश्तियों का आयोजन हुआ। नाना साहब निमोणकर द्वारा दिए गए ध्वज पूरे समारोह के साथ गाँव में घुमाकर निकाले गए और द्वारिकामाई में उन्हें फहरा दिया गया। यह परंपरा आज तक चली आ रही है।

तभी चंदनोत्सव का भी आरंभ हुआ। एक मुसलिम भक्त के मन में आया कि

बाबा के लिए चंदनोत्सव मनाया जाए। प्राय: सिद्ध मुसलिम संतों के सम्मान में ही यह उत्सव किया जाता था। हिंदुओं का ध्वज व मुसलमानों का चंदनोत्सव एक साथ मनाया जाना हिंदू-मुसलिम एकता की जीती-जागती मिसाल बन गया।

साईंभक्तों ने आनेवाले समय में रामनवमी उत्सव मनाने की भी परिपाटी चला दी। एक बार उनके मन में विचार आया कि क्यों न रामनवमी के दिन होनेवाले चंदनोत्सव व मेले के साथ ही प्रभु राम का जन्मदिवस मनाया जाए। बाबा की महिला भक्त राधाकृष्णमाई ने प्रसाद तैयार करने का बीड़ा उठाया और सभी मिलकर बाबा की अनुमति लेने चल दिए।

साईं ने सहर्ष अनुमति दे दी। रामजन्मोत्सव के लिए मसजिद को सजाया जाने लगा। रामलला को झुलाने के लिए पालने की आवश्यकता थी। राधाकृष्णमाई ने पालना लाकर बाबा के समीप रख दिया। बाबा ने अपने भक्तों काकाजी व भीष्म के लिए दो हार भिजवाए और बड़े ही भक्ति भाव से कीर्तन आयोजित हुआ।

सारा परिवेश रामजी की जय-जयकार से गूँज उठा। कीर्तन समाप्त होने पर सभी गुलाल वर्षा करने लगे और उसका एक कण बाबा की आँख में जा गिरा। वे अपशब्द कहने लगे और जोर-जोर से कोसने लगे। अंतरंग भक्त तो उनकी प्रत्येक लीला जानते थे, अत: वे बाबा के कोप को भी प्रसाद की भाँति ही ग्रहण करते थे।

कुछ ही देर में वे शांत हो गए। आरती के बाद वे लोग पालना उतारने लगे तो बाबा बोले, ''नहीं, अभी उत्सव अधूरा है। इसे बाद में उतारना।''

अगले दिन बाबा की इच्छा से गोपालकाला उत्सव मनाया गया।

इस उत्सव में दही मिश्रित पोहा मिट्टी के बरतन में लटका देते हैं। कीर्तन समाप्त होने पर उस बरतन को फोड़कर उसका पोहा प्रसाद के रूप में बाँट दिया जाता है। इस तरह यह सारा उत्सव एक आनंद का स्रोत बन गया।

इन कार्यक्रमों ने हिंदू व मुसलमान भक्तों को एक साथ मिलकर कार्य करने व उत्सव मनाने का अवसर प्रदान किया। धीरे-धीरे वहाँ आनेवाले भक्तों की संख्या में वृद्धि होने लगी और शिरडी को एक संस्थान का रूप मिलने लगा।

वहाँ आनेवाले भक्त श्रद्धा व स्नेहवश अपने साथ चाँदी के बरतन, आभूषण, पात्र आदि उपहारस्वरूप लाते, परंतु बाबा को इन उपहारों से कोई लेना-देना नहीं था। वे पहले की तरह अपनी साधारण वेशभूषा और फकीरी में ही मग्न रहते।

❑

20

हैजे की महामारी

सृष्टि में रचयिता ने क्या-क्या रच रखा है, यह उसके अतिरिक्त कोई नहीं जानता। वह कब और कैसे इस संसार का पालन और संहार करेगा, कोई नहीं जानता। वह सबकुछ उसी के हाथों में है, परंतु उसके भेजे कुछ बंदे ऐसे भी हैं, जो अपनी मानवता के बल पर प्राकृतिक तत्त्वों को नियंत्रित करने की क्षमता रखते हैं।

ऐसा ही एक बार शिरडी में हुआ। वहाँ आसपास के इलाके में हैजे की महामारी ने रौद्र रूप धर लिया। पहले-पहल इस रोग के लिए बहुत सी दवाएँ व चिकित्सक नहीं हुआ करते थे। यदि थे भी तो केवल नगरों में बसनेवाले धनी-मानी ही उनका लाभ ले पाते थे। यदि गाँव-देहात में इस तरह का कोई रोग फैल जाता तो ग्रामवासियों के पास स्थानीय वैद्यों व हकीमों के पास जाने के सिवा कोई उपाय नहीं बचता था।

आसपास के इलाकों में बीमारी काफी तेजी से फैल चुकी थी। हालाँकि शिरडी में अभी इतने रोगी नहीं थे, परंतु आनेवाले समय से सभी भयभीत थे। वे सब बाबा की शरण में पहुँचे।

वहाँ जाकर पता चला कि बाबा ने किसी से भी बात करना बंद कर दिया है। वे किसी के भी प्रश्न का उत्तर नहीं दे रहे हैं। यहाँ तक कि उन्होंने शामा से भी बात नहीं की। उस शाम वे भिक्षा लेने भी नहीं गए। जब अगले दिन भी यही हुआ तो बायजाबाई को चिंता सताने लगी। वह भोजन लेकर द्वारिकामाई पहुँची। बाबा ने उसके हाथ में भोजन की टोकरी देखी तो हाथ के संकेत से मना कर दिया कि वे भोजन नहीं करेंगे। बायजा के लिए तो वे पुत्र के समान थे। माँ पुत्र को भूखे पेट कैसे देख सकती है! वह बड़ी देर तक वहीं बैठी रही, किंतु उस दिन बाबा ने उसकी एक नहीं मानी।

वे इस तरह गुमसुम हो गए थे मानो किसी विपदा का सामना कर रहे हों। सबको पता चल गया कि बाबा उपवास पर हैं। अंतरंग भक्त अपने घर से भोजन लाकर खाने का आग्रह करते, किंतु वे सबको संकेत से भाग जाने को कहते।

शामा की आँखों में आँसू आ गए। उसने पूछा, ''साईं! भोजन क्यों नहीं करते?''

साईं से उसके आँसू नहीं देखे गए। अंततः उन्होंने मुख खोला और बोले, ''बड़ा विकट समय आनेवाला है। कुछ करना ही होगा शामा। सभी काल का ग्रास बन जाएँगे। मैं भोजन कैसे कर लूँ।''

इसी तरह लगभग दस-बारह दिन बीत गए। आसपास के सभी लोग आशंकाग्रस्त थे। साईं का यह विचित्र स्वभाव सबके लिए चिंता का विषय था। मानो आनेवाले किसी संकट का पूर्वाभास हो रहा था। दूसरे गाँवों में मृतकों की संख्या बढ़ती ही जा रही थी।

एक दिन पता चला कि गाँव के सीमांत पर रहनेवाले किसान के बेटे को हैजा हो गया। वह दूसरे गाँव में अपनी नानी के घर से लौटा था। सारे गाँव में भय की लहर दौड़ गई। संक्रामक रोगों का प्रभाव ऐसा ही होता है।

विश्वनाथ सरीखे लोग मन-ही-मन मुदित थे कि मोटी कमाई का अवसर हाथ आनेवाला है। भले ही कोई जीए या मरे, उसने तो नाममात्र की दवा देकर अपनी तिजोरी भरनी थी।

बाबा ने एक सुबह उठकर आकाश की ओर देखा। उनके चेहरे के भाव बता रहे थे कि वे किसी नतीजे पर पहुँच चुके थे। ग्रामवासियों की आशा भरी निगाहें उन्हें ही ताक रही थीं। सभी को विश्वास था कि केवल बाबा ही उन्हें इस संकट से उबार सकते हैं।

साईं ने मुँह-हाथ धोया और जमीन पर टाट का टुकड़ा बिछाकर हाथ से पीसने वाली चक्की रख दी। फिर वे उसमें जौ डालकर पीसने लगे।

तब तक ग्रामवासी भी वहाँ आ गए। जो भी सुनता, कौतूहलवश वहीं आ जाता कि भिक्षावृत्ति से पेट भरनेवाले बाबा आज चक्की में जौ क्यों पीस रहे हैं? सब इतना तो जानते ही थे कि ये उनके साईं की कोई लीला थी, किंतु विस्तार से कुछ समझ नहीं आ रहा था। दैवी व्यक्तित्व अपनी अलौकिक शक्तियों के बल पर संसार की किसी भी आपदा या विपदा से निपट सकते हैं और उस दिन बाबा यही कर रहे थे।

शामा ने पूछा, ''बाबा, आप चक्की क्यों चला रहे हैं? हम जौ के आटा का क्या करेंगे?''

"रे शामा! मैं हैजे की महामारी का उपाय कर रहा हूँ।"

शामा ने इसके बाद और कुछ न पूछा।

सभी ग्रामवासी खड़े-खड़े यह कौतुक देख रहे थे कि साईं बड़े मनोयोग से जौ पीसते जा रहे हैं और चक्की के पास जौ के आटे का ढेर लगता जा रहा है। तभी भीड़ को चीरकर चार निर्भीक स्त्रियाँ आगे आईं और बाबा से बोलीं, "यदि चक्की ही पीसनी है तो यह काम हमें करने दीजिए।"

उन्होंने बाबा से जबरन चक्की छीनी और मिलकर जौ पीसने लगीं। वे साथ-साथ साईं के भजन भी गुनगुनाने लगीं। पहले तो बाबा ने अपना गुस्सा दिखाया, किंतु उनका भाव देखकर मुसकराने लगे और शांत हो गए। देखते-ही-देखते समाँ सा बँध गया और कुछ ही देर में सारा जौ पिस गया।

उन महिलाओं ने सोचा कि जौ पीसने में ही कोई रहस्य होगा। अब जबकि यह पिस गया है तो साईं का इससे क्या काम होगा, इसलिए उन्होंने उसे आपस में बाँटने के लिहाज से हिस्से कर दिए। तभी बाबा आगे आए और रौद्र रूप धरकर बोले, "क्या बाप का माल समझकर उड़ाना चाहती हो? क्या बाबा तुम्हारे कर्जदार हैं, जो उनका माल ले जाना चाहती हो?"

वे स्त्रियाँ जब चुपचाप पीछे हट गईं तो बाबा ने तात्या से कहा, "ये महामारी की दवा है। जाओ गाँव के सीमांत पर छिड़क आओ। जहाँ-जहाँ ये दवा छिड़की जाएगी, वहाँ हैजा पास भी नहीं फटकेगा।"

भले ही सोचने में विचित्र लगे कि जौ का आटा महामारी कैसे रोक सकता है, किंतु दिव्यात्माओं के कार्यों का रहस्य हम साधारण मनुष्य नहीं जान सकते। उस दिन सचमुच ऐसा ही किया गया और रोग शिरडी के पास तक नहीं फटका। जो रोग का शिकार हुए थे, वे भी चामत्कारिक रूप से स्वस्थ हो गए।

बाबा ने हैजे को पीसकर नष्ट कर दिया था। फिर तो पास-पड़ोस के ग्रामवासी भी दौड़े चले आए। बाबा तब भी चक्की पीस रहे थे। उन्होंने गुहार लगाई, "बाबा! हम पर भी कृपा करें।"

बाबा ने कहा, "तुम भी यह दवा ले जाओ और गाँव में छिड़क दो। अल्लाह मालिक।"

बाबा ने जाने कितने दिन अनाहार रहने के बाद प्राप्त दिव्यबल से उस महामारी का निदान कर दिया था, अन्यथा हजारों लोग हैजे की चपेट में आकर काल का ग्रास बन जाते।

इसी घटना से प्रेरित होकर हेमाडपंत ने निश्चय किया कि वे बाबा का जीवन-

चरित्र रचेंगे। उन्होंने इस घटना का निहितार्थ स्पष्ट करते हुए लिखा है कि बाबा शिरडी में लगभग साठ वर्ष तक रहे—वे तो प्रतिदिन जौ पीसने का कार्य करते थे। जौ पीसने का आशय था कि वे भक्तों के पाप, दुर्भाग्य, मानसिक व शारीरिक कष्टों को पीसते थे, अर्थात् नष्ट करते थे। उनकी चक्की के दो पाटों में ऊपर वाला पाट भक्ति का तथा नीचे वाला पाट कर्म का था। वे जिस चक्की की मूठ पकड़कर पीसते थे, वह मूठ ज्ञान की थी। बाबा का मानना था कि जब तक मुनष्य के मन से आसक्ति, घृणा तथा अहंभाव नष्ट नहीं होता, तब तक ज्ञान व आत्मा की अनुभूति होना असंभव है।

❑

21

पावन जीवनगाथा

अन्ना साहेब दाभोलकर ने सन् 1914 में यह निर्णय लिया कि वे साईं की पावन जीवनगाथा को लिपिबद्ध करेंगे। यद्यपि उनके इस निर्णय से पूर्व ही साईं बाबा पर अनेक मधुर काव्य रचे जा चुके थे तथा उनकी जीवनी व लीलाएँ भी प्रकाशित की गई थीं। बाबा की लीलाएँ देखकर अन्ना साहेब को भी प्रेरणा मिली कि उनके जीवन की घटनाओं को भावी पीढ़ियों के लिए धरोहर बना दें।

उनका मानना था कि बाबा की इन कथाओं को पढ़ने से न केवल भक्तों को शिक्षा प्राप्त होगी अपितु उनके पापों का भी समूल नाश होगा। इस प्रकार सत्य व अध्यात्म का पाठ पढ़ानेवाले साईं सच्चरित्र की रचना हुई।

यद्यपि दाभोलकरजी साईं के दृष्टांतों से पूर्व परिचित थे, किंतु मन-ही-मन उन्हें ऐसा भी लगता था कि वे एक महान् संत की जीवनी लिखने जैसा कार्य कर भी सकते हैं या नहीं? क्या उनमें इतनी पात्रता है कि वे साईं की महानता का वर्णन अपने शब्दों में कर सकें? क्या वे साईं के चरित्र को अपने शब्दों में प्रकट कर पाएँगे?

प्रत्यक्ष में बाबा से अनुमति लेने का साहस नहीं कर पाए तो उन्होंने शामा का सहारा लिया। शामा ने बाबा से कहा, ''साईं! अन्ना साहेब आपकी जीवनी लिखना चाहते हैं। आप यह कहकर मना मत करना कि एक फकीर की जीवनी लिखकर क्या मिलेगा? आपकी कृपा और अनुमति के बिना यह चाहकर भी इस कार्य का श्रीगणेश नहीं कर पाएँगे। आपका आशीर्वाद मिल जाए तो सारी बाधाओं, शंकाओं व कुशंकाओं का निवारण हो जाएगा।''

साईं ने अन्ना साहेब को अपना आशीर्वाद देते हुए अपनी भभूत का प्रसाद

दिया व बोले, "इन्हें मेरी जीवनी व दृष्टांतों को लिपिबद्ध करने की अनुमति देता हूँ, मैं स्वयं इनका सहायक बनूँगा किंतु इन्हें अपना अहं त्यागकर मेरी शरण में आना होगा।"

इन शब्दों के साथ ही बाबा ने यह सावधानी रखने को भी कहा कि उस ग्रंथ में अपने मत के स्थापन व किसी विषय के पक्ष में व्यर्थ के वाद-विवाद की चेष्टा नहीं होनी चाहिए।

बाबा ने कहा, "जब निर्दोष व सरल भाव से इन कथाओं का श्रवण व मनन किया जाएगा, तब श्रोताओं के हृदय में भक्ति की भावना जाग्रत् होगी। वे परमानंद व चिरसंतोष पाएँगे।"

दाभोलकरजी काका साहेब दीक्षित व नाना साहेब चाँदोरकर के मित्रों में से थे। उन्होंने पहले-पहल उनसे कहा कि वे शिरडी जाकर बाबा के दर्शन करें, उन्हें बहुत अच्छा लगेगा। दाभोलकरजी चाहकर भी जा नहीं सके। मन में अहंकार का परदा छाया था। उनके एक मित्र का पुत्र बीमार हो गया। काफी इलाज कराने पर भी जब उसका रोग नहीं छूटा तो उक्त मित्र ने अपने गुरुजी को बालक के सिरहाने ला बिठाया, किंतु रोग ज्यों-का-त्यों रहा। इस घटना को देखकर तो उन्होंने यही समझ लिया कि जब गुरु एक बालक की प्राणरक्षा नहीं कर सकते और जो होता है, होकर ही रहता है तो ऐसे में किसी को गुरु धारण करने से क्या लाभ, क्या उपयोगिता?

नाना साहेब ने यह सुना तो दाभोलकरजी को आड़े हाथों लिया कि उन्हें बाबा के दर्शन करने के लिए शिरडी जाना ही चाहिए। जब वे शिरडी पहुँचे तो बाबा लेंडी बाग की ओर जा रहे थे। बाबा के प्रथम दर्शन ने ही उनके मन को फुल्लित कर दिया। साईं के दर्शन ने उनके लिए आध्यात्मिक प्रगति के मार्ग खोल दिए। पूर्वकृत पापों व दुष्कर्मों का प्रभाव क्षीण हो गया।

भले ही वे शिरडी आ गए थे, किंतु किसी व्यक्ति के जीवन में गुरु की आवश्यकता जैसे विषय पर उनके मन में सहमति नहीं थी। तभी अवसर पाते ही बाला साहेब के साथ उनकी बहस छिड़ गई। ये भी मानो साईं का ही एक कौतुक था। वे भक्त के मन को पूरी तरह से शुद्ध कर देने की भूमिका रच रहे थे। जिन हाथों से बाबा का पावन चरित लिखा जाना था, उन्हें इस योग्य बना रहे थे कि वे पूरी आस्था और विश्वास के साथ बाबा की उँगली थाम सकें। उन्होंने कहा, "जब प्रत्येक कर्म स्वयं करना होता है तो गुरु की आवश्यकता ही क्या है? प्रत्येक मनुष्य को स्वयं अपने ऊपर विश्वास रखते हुए आगे बढ़ना चाहिए।"

दूसरे पक्ष का मानना था—“चाहे कोई जीवन में कितने भी प्रयत्न क्यों न कर ले, गुरु कृपा के बिना उसका निस्तार नहीं हो सकता।”

दाभोलकरजी ने कहा, “सभी को पूरी आजादी के साथ अपनी जीवनयापन करना चाहिए। जीवन में किसी भी प्रकार से गुरु की कोई आवश्यकता नहीं होती।”

दूसरा पक्ष नाना तर्कों से यह समझाता रहा कि गुरु के बिना जीवन में कोई भी कार्य संपन्न नहीं हो सकता। अंततः बहस का कोई निष्कर्ष नहीं निकला।

दाभोलकरजी के मन में अहं की परतें चढ़ी हुई थीं। वे अपने ज्ञान और विद्वत्ता के घमंड में चूर थे। यद्यपि उन्हें स्वयं ही अनुभव होने लगा था कि अहंकार को छोड़े बिना वे जीवन के किसी भी सार तत्त्व तक नहीं पहुँच पाएँगे। संध्या समय सभी मसजिद में बाबा के पास पहुँचे तो साईं ने पूछा, “काका साहेब! साठेवाड़ा में क्या चल रहा था? किस बारे में बहस हो रही थी? ये हेमाडपंत क्या कहना चाहते थे?”

यह सुनकर तो दाभोलकरजी दंग रह गए। भला बाबा ने कैसे जाना कि वे लोग साठेवाड़ा में किसी विषय पर वाद-विवाद कर रहे थे। फिर उन्हें इस बात पर आश्चर्य हुआ कि बाबा ने उन्हें हेमाडपंत कहकर संबोधित क्यों किया? हेमाडपंत शब्द हेमाद्रिपंत का अपभ्रंश है। वे एक विद्वान् और आध्यात्मिक विषयों पर लेखन करनेवाले लोगों में से थे। कहाँ बही-खाते की पद्धति का चलन करनेवाले हेमाद्रिपंत और कहाँ दाभोलकर। वे मन-ही-मन संकुचित हो उठे। संभवतः बाबा ने उनके अहंकार को नष्ट करने के लिए ही ऐसा कहा होगा। दाभोलकर को यही लगा कि उन्हें निरभिमानी बनाने के लिए बाबा ने इन शब्दों का प्रयोग किया होगा। आनेवाले समय में सभी बाबा के इन शब्दों का मर्म जान गए, जब सबने दाभोलकरजी को साईंबाबा संस्थान का संपूर्ण प्रबंधन सँभालते और ‘साईं सच्चरित्र’ की रचना करते देखा। वे उसके बाद हेमाडपंत के नाम से ही पहचाने जाने लगे। कहते हैं कि बाबा ने एक दिन प्रसंगवश हेमाडपंत के मन से यह धारणा भी निकाल दी थी कि मनुष्य को जीवन में गुरु धारण करने की कोई आवश्यकता नहीं होती। उन्होंने एक स्नेही शिष्य की भूमिका का भली-भाँति निर्वाह किया और बाबा भी सदा एक सद्‌गुरु की तरह अपनी कृपा बरसाते रहे।

सन् 1916 में वे नौकरी से रिटायर हो गए। परिवार का खर्च अधिक था और आमदनी का साधन समाप्त हो चला था। पेंशन परिवार के लिए पर्याप्त न थी। वे उस वर्ष गुरुपूर्णिमा के अवसर पर बाबा के दर्शन करने गए तो उनकी

ओर से अण्णा चिंचणीकर ने बाबा से विनती की, ''साईं! इन पर अपनी कृपा करो। नौकरी से सेवानिवृत्त हो गए हैं। पेंशन से खर्च पूरे नहीं हो पाते। इन्हें कहीं नौकरी दिलवा दीजिए।''

साईं बोले, ''इन्हें नौकरी तो मिल जाएगी किंतु ये मेरी सेवा में रहेंगे तो अधिक आनंद पाएँगे। इन्हें दुष्टों से दूर रहकर सच्चे अंतःकरण से मुझे अपनाना होगा। इनके सब कष्ट व संकट मैं अपने ऊपर ले लूँगा।''

दाभोलकरजी ने उसी क्षण निश्चय कर लिया कि वे अपने गुरु की सेवा के अतिरिक्त किसी दूसरे की सेवा नहीं करेंगे। इसके बाद वे आजीवन साईं की सेवा में निरत रहे और अपना जीवन सफल बना लिया।

❑

22

टॉमस पादरी का हृदय परिवर्तन

उन दिनों भारत में अंग्रेजों का राज था। वे सब जगह मनमाना हुक्म चलाते थे। देश में शासन करने के अतिरिक्त उन्होंने भारतीयों को ईसाई बनाकर धर्मांतरण करने की मुहिम भी चला रखी थी। विदेशों से आए मिशनरी भारतीयों की सेवा का ढोंग रचते। निर्धनों को निःशुल्क भोजन, आवास, नौकरी व शिक्षा आदि का लोभ दिया जाता, ताकि वे अपना धर्म परिवर्तन कर ईसाई धर्म में दीक्षित हो जाएँ।

इसी उद्देश्य से अंग्रेज मिशनरी पूरे देश में फैले हुए थे। जिन स्थानों पर अशिक्षा का पिछड़ापन व निर्धनता अधिक थी, वहीं इनका प्रभाव अधिक दृष्टिगोचर होता था। वे समाज के प्रत्येक वर्ग और क्षेत्र में नए-नए तरीकों से अपना प्रभुत्व दरशाते थे। भारत की धर्म सहिष्णुता का ही अनुचित लाभ उठाया जा रहा था। प्रत्येक मत, धर्म व संप्रदाय को सिरमाथे लेनेवाले भारतीय आसानी से इनके चंगुल में फँस जाते थे।

जिन दिनों शिरडी के आसपास के इलाकों में हैजे का प्रकोप फैला, तब ईसाई मिशनरियों ने निःशुल्क दवाएँ वितरित कीं। वहाँ पादरी टॉमस यह कार्य देख रहे थे। भारतीयों को ईसाई बनाने की इस मुहिम में उन्हें बड़ी तेजी से सफलता मिल रही थी, क्योंकि अकसर प्रलोभनों से कोई भी डिग जाता है। लोग अपना धर्म भुलाकर ईसाई बन रहे थे, ताकि दो वक्त भरपेट रोटी मिल सके, उनके बच्चों को शिक्षा मिले और बेरोजगारों को रोजगार के अवसर मिल सकें।

शिरडी के साईं ने हैजे के उपचार के लिए जो उपाय किया, उसे सुनकर तो पादरी का खून खौल गया। कहाँ तो उसे ग्रामवासियों को हाथ में करने का अवसर मिला था और कहाँ उस फकीर ने किए-कराए पर पानी फेर दिया। पादरी के सभी प्रयास निष्फल हो गए। वह साईं से घृणा करता था। उसने साईं से लोगों का

विश्वास हटाने के लिए धर्म ही सहारा लिया और लोगों के बीच प्रचारित करवा दिया कि हिंदुओं को मुसलमान फकीर के पास नहीं जाना चाहिए। उनका धर्म भ्रष्ट हो जाएगा।

उसकी यह चाल काम नहीं आई। उलटे साईं के विरुद्ध बोलनेवालों को सबके बीच अपमानित होना पड़ा। पादरी तक यह समाचार गया कि उसकी चाल निरस्त रही। उसने अपने समर्थकों की सभा बुलाई और सभी मिलकर विचार करने लगे कि साईं के बढ़ते प्रभाव को घटाने के लिए क्या उपाय किया जाना चाहिए। उनमें से एक ने सुझाव दिया—''क्यों न हममें से कोई वहाँ स्वयं जाकर देखे कि साईं बाबा किस तरह अंधविश्वास का जाल फैलाकर लोगों को ठगता है और लोग उसके इतने दीवाने क्यों हैं?''

पादरी टॉमस ने यह जिम्मेदारी अपने ऊपर ले ली। जब वह अगले दिन द्वारिकामाई पहुँचा तो वहाँ लोगों का ताँता देख दंग रह गया। बाबा के भक्तों में तो हिंदू व मुसलमान दोनों ही थे। वहाँ आनेवाला आँख में आँसू लेकर आता और अपनी झोली खुशियों से भरकर लौटता। टॉमस ने अनेक ऐसे रोगी भी देखे, जो बाबा की चामत्कारिक भभूत से ही निरोगी हो गए थे।

उसे आश्चर्य तो इस बात का था कि बाबा की किस शक्ति के बल पर वहाँ चारों ओर एक दिव्य और पवित्र वातावरण की सृष्टि हो रखी थी। ऐसा लगता था कि वहाँ कोई अदृश्य ऊर्जा विद्यमान थी, जो वहाँ जानेवाले प्रत्येक व्यक्ति के मन में श्रद्धा व आस्था का संचार करती थी।

उस वातावरण में कुछ घंटे बिताने के बाद पादरी को अनुभव हुआ कि धर्म के सच्चे मायने क्या होते हैं? यद्यपि उसे अब भी बाबा की चामत्कारिक शक्तियों पर संदेह था। उसका यही मानना था कि रोगी स्वयं ही संयोग से ठीक होते हैं और साईं को उनके निरोगी होने का लाभ मिल जाता होगा। टॉमस बहुत हठी था। अपने मिशन को सफल बनाने के लिए उसने बरसों लगा दिए। आज एक फकीर उसके हर किए-कराए पर पानी फेरे दे रहा था। यदि लोग मिशनरियों के पास आएँगे ही नहीं तो उन्हें प्रलोभनों की आड़ में फुसलाकर धर्म परिवर्तन करवाने का उद्देश्य कैसे पूरा हो पाएगा। वह वहाँ बैठा इसी उधेड़बुन में लगा रहा।

साईं के दिव्य व अलौकिक संरक्षण के सामने उनके द्वारा दी गई सुविधाएँ लोगों को तुच्छ लगने लगी थीं। टॉमस ने एक भक्त के हाथ संदेश भिजवाया—''बाबा से कहो कि मिस्टर टॉमस मिलने आए हैं।''

साईं से क्या छिपा था? वे तो जानते थे कि टॉमस उनके द्वार पर श्रद्धावश नहीं

अपितु उनकी परख करने आया है। अपने अहंकार के मद में चूर टॉमस को अपने सिवा कुछ दिखता ही कहाँ था?

भक्त ने बाहर आकर कहा, ''बाबा ने कहा कि आज तो भेंट संभव नहीं। यदि आप आज यहाँ ठहर सकें तो संभवतः वे रात को या कल सुबह भेंट कर लेंगे।''

कहाँ तो अंग्रेज पादरी के आने पर लोग सम्मान में उठकर खड़े हो जाते थे और कहाँ ये फकीर, जो मिलने की अनुमति तक नहीं दे रहा। टॉमस के तन-बदन में आग लग गई। उसने भक्त पर ही गुस्सा उतार दिया, ''तुम जानते नहीं कि हम अंग्रेज सरकार की ओर से आए हैं। ये गरीब गाँववाले तो बड़े आराम से अंदर जा रहे हैं। बाबा सबसे मिल भी रहे हैं, पर हमें क्यों नहीं मिलने दिया जा रहा? क्या तुम नहीं जानते कि हमारे अधिकार क्या हैं? यदि हम चाहें तो...''

भक्त ने विनम्रतापूर्वक हाथ जोड़े, ''फादर! आप साईं के दर पर खड़े हैं। यदि उनसे भेंट करना चाहते हैं तो लोभ, मोह व क्रोध को त्याग कर अहंकार के घेरे से बाहर आना होगा। तभी उस सच्चे साईं के दर्शन होंगे। बिना पंक्ति अथवा अनुमति के भीतर जानेवाले ये सरल ग्रामवासी साईं के श्रद्धालु भक्तगण हैं, जो उन्हें अपना सर्वेसर्वा मानते हैं। वे बाबा की परख करने नहीं अपितु उनके चरणों में शीश नवाने आए हैं।''

टॉमस के मुँह से तो बोल ही नहीं फूटे। गुरु तो गुरु, यहाँ तो चेले भी सवा सेर निकले। मारे घमंड के उसे यही समझ आया कि बाबा ने उसका अपमान किया है। वह गुस्से से लाल भभूका होकर बोला, ''इतनी इंसल्ट! हम अभी वापस जाएँगे।''

उसने ताँगे पर बैठकर कोचवान को चलने को कहा।

टॉमस का दिमाग गुस्से के मारे फटा जा रहा था। वह तो बाबा का जलवा देखने आया था, उलटा उसके मन में उनके प्रति श्रद्धा के भाव उमड़ रहे थे। वह स्वयं अपने इस परिवर्तन का कारण समझ नहीं पा रहा था। वह जितना उस साईं पर क्षोभ प्रकट करने की चेष्टा करता, उतना ही एक सलोना और करुणामयी मुखड़ा बार-बार उसकी आँखों के आगे आने लगा।

अब तक तो टॉमस ने बाबा को देखा ही नहीं था। तभी वह जान नहीं पाया कि साईं की शक्ति उसे अपनी ओर खींच रही थी। अपनी दुविधा के बीच वह बार-बार कोचवान को तेज ताँगा चलाने का आदेश दे रहा था।

मनमाड स्टेशन के निकट अचानक एक साइकिल सवार सामने आ गया और ताँगा तेजी से उलट गया। टॉमस पादरी को कुछ लोग अस्पताल छोड़ आए। पूरे शरीर पर गंभीर चोटें थीं। उस रात अस्पताल में नीम बेहोशी में दर्द से कराहते हुए

टॉमस ने फिर उसी दिव्य और करुणामयी मूर्ति को अपने बिस्तर के पास खड़े पाया। इस बार वह यह अनुमान लगाने में सफल रहा कि हो-न-हो वे साईं ही हैं, जिनका अनादर कर वह लौटने की चेष्टा कर रहा था। साईं ने सिर पर हाथ फेरकर स्नेह से कहा, ''टॉमस! यदि मेरी बात मान लेते तो दुर्घटना न घटती। मैंने सुबह ही तुम्हारे सिर पर मँडराती मृत्यु की छाया देख ली थी। यदि तुम मेरी बात मानकर वहीं ठहर जाते तो इतना कष्ट न सहना पड़ता। तुमसे आज भेंट न करने और बहाने से अपने पास रोकने का भी यही कारण था। यदि आज मैं यहाँ न आता तो निश्चय ही तुम्हारी प्राणरक्षा असंभव थी।

''टॉमस! अपने धर्म से प्रेम करो, किंतु दूसरों के धर्म का अपमान मत करो। उसे अपने धर्म की तुलना में हेय मत ठहराओ। सभी धर्म हमें एक ही परमपिता परमात्मा के निकट ले जाते हैं। रास्ते भले ही अनेक हों, किंतु सबने जाना तो एक ही स्थान पर है।''

टॉमस की आँखें खुलीं तो आसपास बाबा तो न थे किंतु उनके शब्दों की गूँज अब भी सुनी जा सकती थी। टॉमस ने मन-ही-मन निश्चय किया कि वह स्वस्थ होते ही बाबा के दर्शन करने जाएगा और उनसे जाने-अनजाने में हुए सभी पापों की क्षमा माँगेगा।

टॉमस की विचारधारा क्या बदली, उसके जीवन की दिशा ही बदल गई। अस्पताल से स्वस्थ होते ही वह बाबा के पास गया। उसके मसजिद पहुँचते ही एक भक्त संदेश लेकर आ गया कि बाबा तुरंत मिलना चाहते हैं।

टॉमस ने भीतर उसी दैवी मूर्ति को बैठे पाया, जो उसकी रक्षा के लिए सामने आई थी। वहाँ जाकर उसे एक असीम शांति का अनुभव हुआ। बाबा के सत्संग, प्रवचन और उपदेशों ने टॉमस के मन में बसे सारे विकारों को धो दिया। अब वह सच्चे अर्थों में ईश्वर का बंदा बन गया था। उसने जान लिया था कि धर्म चाहे कोई भी हो, मानवता और सबके प्रति प्रेमभाव ही सबका मूल ध्येय होना चाहिए। उसने अपने पद से त्यागपत्र दे दिया और एक संत के रूप में आजीवन भारतीयों को मानवता का मार्ग दिखलाता रहा।

❑

23

बाबा का संस्कृत ज्ञान व गीता का श्लोक

बाबा के जीवन काल में समय-समय पर अनेक ऐसे भक्त सामने आए, जो समाज के नाना प्रकार के वर्गों से जुड़े थे। कुछ केवल अपनी भक्ति के बल पर उनके प्रिय बने तो कुछ समाज के ऐसे उच्च पदस्थ लोगों में से थे, जो बाबा के चमत्कारों व शिक्षाओं से अभिभूत होकर उनके अंतरंग बने। कुछ भक्तों को बाबा ने स्वयं अपनी ओर खींचा। जो उनके पास आया बस उन्हीं का होकर रह गया। उनके पास आकर प्रबुद्ध व शिक्षित समाज से जुड़े लोग भी श्रद्धावनत हो जाते और सदा के लिए अपनी विद्वत्ता व ज्ञान का घमंड त्यागकर बाबा की शरण ले लेते।

फिर ऐसे ही भक्तों के माध्यम से बाबा का नाम दूर-दिगंत तक जाने लगा। नाना चाँदोरकर को ही लें। उन्होंने बाबा के दिव्य रूप का परिचय पाने के बाद मराठी के शिक्षित व प्रतिष्ठित वर्ग को बाबा से जोड़ा। इसके बाद दासगणु आए और इन दोनों ने बाबा के संदेशों तथा जीवनी का चारों ओर प्रचार-प्रसार किया। नाना बाबा के ऐसे ज्ञानी भक्तों में से थे, जिन्होंने अपने ज्ञान और विद्या का अहंकार त्यागकर सच्चे सद्‌गुरु को पाया और हमेशा के लिए अपना सबकुछ उनके चरणों में न्योछावर कर दिया। कहते हैं कि बाबा के अनुसार उनका व बाबा का संबंध पिछले चार जन्मों से चला आ रहा था।

नाना साहेब वेदांत के महान् विद्वानों में से थे। गीता के अध्ययन पर उनका विशेष अधिकार था। प्राय: विद्वान् व्यक्ति को अपनी विद्वत्ता का घमंड हो ही जाता है। नाना जब प्रारंभ में बाबा के पास आए तो उन्होंने उनका अहंकार हरने के लिए कौतुक रचा और गीता के श्लोक की व्याख्या के माध्यम से अपनी संस्कृत भाषा के ज्ञान व वेदांत की जानकारी का अनुपम परिचय दिया। शिरडी के छोटे से गाँव में

रहनेवाले उस फकीर के मुख से गीता के श्लोकों की अद्‌भुत टीका सुनकर नाना साहेब तो दंग ही रह गए। उन्होंने तो स्वप्न में भी कल्पना नहीं की थी कि बाबा संस्कृत भाषा के प्रकांड विद्वान् होंगे। उन्होंने उस भेंट के बाद जाना कि विद्या अहंकार करने के लिए नहीं बल्कि दूसरों का कल्याण करने के लिए प्रयोग में लाई जाती है। ज्ञानीजन कभी अपने ज्ञान का अहंकार नहीं करते।

नाना साहेब एक श्लोक का पाठ कर रहे थे। बाबा ने पूछा—

"नाना! क्या गा रहे हो?"

"बाबा! एक श्लोक का पाठ कर रहा था।   "

"अच्छा! हमें भी तो सुनाओ।"

"तो सुनिए, यह भगवद्‌गीता का एक श्लोक है—

तद्विद्धि प्रणिपातेन परिप्रश्नेन सेवय।

उपदेक्ष्यन्ति ते ज्ञानं ज्ञानिनस्तत्वदर्शिनः॥

साईं ने यह श्लोक सुनने के बाद नाना से उसकी टीका सुनी। नाना को तो ऐसा लगा मानो बाबा उनके ज्ञान से प्रभावित हो गए होंगे, किंतु बाबा ने कुछ ही पलों में इस टीका की ऐसी नई व अनूठी व्याख्या की कि वे विस्मित हो उठे और उन्हें मानना पड़ा कि उनका ज्ञान कितना अधूरा और सतही है।

बाबा ने उन्हें आश्वासन दिया कि वे समय-समय पर उन्हें गीता की शिक्षा प्रदान करेंगे। नाना साहेब श्रद्धा से अभिभूत होकर साईं के चरणों से लिपट गए।

❑

24

गर्व-भंग

बाबा को भले ही लोग मुसलिम फकीर के रूप में जानते थे, किंतु वे निःसंकोच रूप से हिंदू व मुसलमान दोनों को ही गले से लगाते थे। रात को सोते समय उनके हृदय से सदैव राम नाम का जाप सुनाई देता था। कुरान की आयतें हों या हिंदुओं के वेद-पुराण, उन्हें तो सबकुछ कंठस्थ था। यदि कोई अपने ज्ञान के घमंड में चूर होकर वहाँ आता तो बाबा के कोप का भाजन बनता। बाबा उसके मन से विषय-विकारों की जमी मैल उतारकर चित्त को शुद्ध कर देते।

एक बार ऐसे ही कल्याण निवासी यवन हाजी सिद्दीक फाल्के मक्का की यात्रा करने के बाद शिरडी लौटा तो उसने बाबा के दर को बिलकुल ही भुला दिया। घमंड ने विवेक को वश में कर लिया था।

दरअसल, वह हज पर जाने से पूर्व बाबा के सेवकों में से था। मक्का जाने की इच्छा मन में लिये फाल्के प्रतिदनि बाबा की मसजिद की झाड़ू-बुहारी किया करता। वह इतना निर्धन था कि मक्का जाने की कल्पना भी असंभव सी लगती थी। हालाँकि इस बारे में उसकी लगन बड़ी पक्की थी। एक दिन वह फर्श साफ कर रहा था कि बाबा ने आकर कहा, ''फर्श की सफाई के काम में माहिर हो गए हो। अब तो तुम काबे के फर्श की सफाई भी कर सकते हो।''

फाल्के को पहले तो कुछ समझ न आया। फिर बोला, ''मेरे ऐसे भाग कहाँ…?''

''अल्लाह के दरबार में सबकी सुनी जाती है। यदि लगन सच्ची रही तो तुम्हारी मुराद अवश्य पूरी होगी। देखना, तुम एक दिन हज अवश्य करोगे।''

फाल्के शीघ्र ही इस बात को भूल गया किंतु जाने कैसे उस दिन के बाद से उसकी घाटे में चलती दुकान अचानक मुनाफा कमाने लगी। जिस काम में हाथ

डालता, उसी में धनार्जन होता। बमुश्किल परिवार का पेट पालनेवाला फाल्के अब बचत भी करने लगा था। कुछ ही माह में उसके पास इतना पैसा एकत्र हो गया कि वह हज करने जा सकता था। उसका बरसों का सपना पूरा होने जा रहा था। उसकी हार्दिक इच्छा थी कि लोग उसे हाजी साहब कहकर पुकारें।

हज भी हुई और वह हाजी साहब भी कहलाया, किंतु वहाँ से लौटकर पहले वाला फाल्के जाने कहाँ खो गया? अहंकार के नशे में चूर होकर उसे कुछ भी याद नहीं रहा। वह काफी समय तक साईं से मिलने भी नहीं गया। तब एक दिन साईं का संदेश आया—"फाल्के से कहना कि कभी मसजिद की सीढ़ियाँ न चढ़े।"

फाल्के को लगा कि मानो उसे किसी ने नींद से जगा दिया हो। उसे अपनी भूल का एहसास हुआ और भय भी सताने लगा कि कहीं बाबा रुष्ट हो गए तो उसका जीवन तो व्यर्थ ही हो जाएगा। वह स्वयं को कोसने लगा कि उसने घमंड में आकर कितनी बड़ी भूल कर दी। वह मसजिद गया तो बाबा ने मिलने से इनकार कर दिया।

प्राय: लोग बाबा तक जाने के लिए शामा की मदद लेते थे, क्योंकि वह उनका प्रिय शिष्य था और बाबा उसकी बात का मान भी रख लेते थे। लोगों ने फाल्के से कहा, "तुम शामा से कहो। वह निश्चित रूप से बाबा तक तुम्हारी अरजी पहुँचा देगा और कौन जाने उसी के कहने से बाबा तुमसे भेंट करने के लिए भी मान जाएँ।"

अब फाल्के किसी भी कीमत पर बाबा से भेंट करना चाहता था। शामा ने अवसर पाते ही एक दिन बाबा से कहा, "कितनी दुनिया बिना किसी अनुमति के आपके दर्शन करके जाती है, किंतु आप इस हाजी को यहाँ क्यों नहीं आने देते। भला कहिए तो इसका कारण क्या है?"

बाबा ने कहा, "अल्लाह की मरजी है, इसमें मेरी इच्छा-अनिच्छा का तो प्रश्न ही नहीं उठता। कल उससे पूछकर आना कि क्या वह बारवीं कुएँ की निचली पगडंडी पर मिलने आएगा?"

शामा शाम को हाँ में जवाब लेकर लौटा। फिर बाबा ने कहा, "उससे पूछो कि क्या चार किस्तों में चालीस हजार रुपए देगा?"

शामा भी भली-भाँति जानता था कि बाबा की बातें अकारण नहीं थीं, वे अवश्य ही उस हाजी के कल्याण के लिए कौतुक कर रहे थे। हाजी ने उसकी भी हामी भर दी। फिर पुछवाया गया—"मैं मसजिद में बकरा हलाल करनेवाला हूँ। तू क्या खाएगा—बकरे का मांस, अंडकोष या नाथ?"

हाजी का जवाब आया कि वह तो बाबा के थाल से भोजन का एक ग्रास पाकर भी स्वयं को सौभाग्यशाली मानेगा।

अब बाबा आगबबूला हो गए। उन्होंने सामने पड़ा मिट्टी का बरतन उठाकर पटका और हाजी के पास जाकर बोले, "तू तो व्यर्थ ही नमाज पढ़ता है। बूढ़े हाजियों की तरह हुलिया बनाकर खुद को हाजी समझने का ढोंग रचता है। क्या केवल मक्का शरीफ जाकर ही कोई सच्चा हाजी हो जाता है? भले ही तुझे अपने मक्का जाने का घमंड हो, पर तू अभी मुझे नहीं जानता।"

हाजी को काटो तो खून नहीं, बाबा ने तो उसके घमंड की पोल सबके बीच खोल दी थी। वह उनके चरणों में गिर पड़ा। उसे उसी समय याद आया कि किस तरह बाबा ने बिना कहे ही उसके हज पर जाने की इच्छा जान ली थी और उसकी कमाई में किस तरह बरकत होने लगी। तभी तो वह मक्का शरीफ की यात्रा कर पाया। वह इतना अधम निकला कि बाबा का शुक्रिया करने तक नहीं आया।

बाबा तुरंत वहाँ से लौट गए। उनका कार्य तो हो ही गया था। फाल्के का घमंड चूर हो चुका था। उन्होंने हाजी के लिए आमों की टोकरी भिजवाई। वे इस घटना के बाद उसे अपने पास बुलाने लगे और कुछ रुपए भी दिए। कहना न होगा कि बाबा ने उसके मन का मैल दूर करके उसे अपना बना लिया था। वे हाजी से पुन: प्रेम करने लगे और प्राय: उसे अपने साथ भोजन कराते।

इसी प्रकार बाबा अपने हिंदुत्व का अभिमान करनेवालों को भी क्षमा नहीं करते थे। उनके दरबार में आने से पहले कुविचारों से मुक्त होना पड़ता था।

साईं ने मेघा ब्राह्मण के मन पर छाया भ्रमजाल भी तोड़ा था। वह शिवजी का परम भक्त था और एक धनिक के यहाँ रसोइए का काम करता था। उसे उसके मालिक साठे साहब ने गायत्री मंत्र व संध्या मंत्र भी सिखा दिए। उन्होंने उससे कहा, "शिरडी के साईं तो शिवजी का साक्षात् अवतार हैं। तू उनके दर्शन करने जा।"

मेघा ने कहीं से यह जान लिया कि बाबा तो यवन हैं। अब वह जाने में आनकानी करने लगा। साठे साहब नहीं माने, उन्होंने अपने ससुर दादा केलकर के नाम पत्र लेकर भेज दिया कि वे उसे बाबा से मिलवा दें। मेघा अनिच्छा से शिरडी पहुँचा। उसे अपने हिंदू होने का कुछ अधिक ही अभिमान था। जैसे ही वह मसजिद में घुसा तो बाबा गुस्से में बोले, "इसे बाहर निकाल दो। यह तो एक उच्च कुलीन ब्राह्मण है। भला निम्न जाति के यवन को प्रणाम करने से इसकी जाति नहीं जाएगी?"

मेघा की दशा देखने योग्य थी। वह यह नहीं समझ पा रहा था कि उसने जो बात किसी से नहीं कही, वह बाबा ने कैसे जान ली।

मेघा वहाँ कुछ दिन ठहरा पर मन शांत न हुआ और फिर लौट गया। लगभग एक वर्ष बाद वह पुन: शिरडी आया और इस बार केलकरजी के आग्रह से उसे मसजिद में ही रहने की आज्ञा मिल गई। अब मेघा साईं में ही साक्षात् शिव के दर्शन पाने लगा। वह अपने इष्ट को अर्पित करने के लिए मीलों दूर से बिल्वपत्र खोजकर लाता।

वह शिरडी के सभी देवालयों में रोज नमन करता। फिर बाबा का चरणामृत पान कर मुँह में कुछ डालता। दिन-ब-दिन मेघा की भक्ति बढ़ती ही चली गई। बाबा से उसका यह परिवर्तन छिपा न था। वे भी उसे बहुत चाहते थे।

एक बार मकर संक्रांति के अवसर पर मेघा के मन में आया कि बाबा को चंदन से अर्चित कर गंगाजल से स्नान करवाया जाए। बाबा को अपने भक्त का यह मान रखना पड़ा। मेघा आठ कोस का चक्कर लगाकर गोदावरी का जल ले आया। उसने बाबा से पीढ़े पर बैठने का आग्रह किया, बाबा बोले, ''भाई! सिर पर ही पानी डाल देना। समझना इसी से मेरा पूरा स्नान हो गया।''

मेघा ने हामी भर दी किंतु जब वह स्नान करवाने लगा तो हर-हर महादेव बोलते-बोलते बाबा के पूरे शरीर पर पानी उँड़ेल दिया। उसे अपने भक्तिभाव में बाबा के कहे की सुध ही न रही।

फिर उसने पानी का पात्र एक ओर रखकर बाबा की ओर देखा तो आश्चर्य की सीमा न रही। बाबा का तो केवल सिर ही भीगा था। पूरे शरीर पर जल की एक भी बूँद तक न थी।

यही मेघा आगे चलकर बाबा का एक श्रेष्ठ भक्त बना। दोपहर व संध्या में दीर्घकाल तक बाबा का पूजन-अर्चन करता रहा। जब उसकी मृत्यु हुई तो बाबा ने उसके शरीर पर हाथ रखकर कहा था—'यह मेरा सच्चा भक्त था!'

फिर बाबा ने अपने व्यय से ब्राह्मणों को उसका मृत्युभोज भी करवाया।

कहने का तात्पर्य यह है कि बाबा एक बार जिसके शुद्ध अंत:करण का परिचय पा लेते थे, आजीवन उसका साथ नहीं छोड़ते थे। ऐसे व्यक्ति के तो इहलोक व परलोक दोनों ही सुधर जाते।

❑

25

दासगणु का प्रयाग स्नान

दासगणु बहुत ही मीठे स्वर में कीर्तन करते थे। बाबा के प्रति उनकी भक्ति अनन्य थी। उनके द्वारा किए गए कीर्तनों से शीघ्र की बाबा का नाम सारे कोंकण प्रांत में फैल गया। एक दिन वे कीर्तन की पोशाक धारण कर बाबा को प्रणाम करने आए तो उन्होंने पूछा, "दासगणु! आज दूल्हा राजा बनकर कहाँ चल दिए?"

"बाबा! मैं तो कीर्तन करने जा रहा हूँ।"

"तो वहाँ इतने आडंबर की क्या आवश्यकता है?"

यह सुनकर दासगणु ने वे भड़कीले वस्त्र वहीं उतार दिए। उस दिन के बाद से वे केवल एक धोती धारण करते और गले में हार पहनकर कीर्तन करते।

इन्हीं दासगणु को एक बार बाबा के चरणों से निकली त्रिवेणी में स्नान का सौभाग्य भी प्राप्त हुआ था। एक दिन उनके मन में त्रिवेणी स्नान की इच्छा उत्पन्न हुई। उन्होंने बाबा के चरणस्पर्श कर कहा, "कुछ समय के लिए गाँव से बाहर जा रहा था, इसलिए आपका आशीर्वाद चाहता हूँ। मंगलमय यात्रा की शुभकामनाएँ लेने आया हूँ।"

बाबा बोले, "दास! तुम्हारे बिना तो हमारी सभा सूनी हो जाएगी। वैसे हम तुम्हें रोक भी तो नहीं सकते। यदि तुम्हारा त्रिवेणी स्नान का मन है तो अपनी इच्छा अवश्य पूरी करो।"

दासगणु तो हैरान रह गए। भला बाबा ने त्रिवेणी स्नान की बात कैसे जान ली। अभी तो उनके परिवार में भी यह बात कोई नहीं जानता कि वे कहाँ जाने वाले हैं। वे भावविभोर हो उठे और चरणों में गिरकर बोले, "आप तो सर्वज्ञ हैं। आप तो वास्तव में अंतर्यामी हैं। भला आपसे क्या छिपा है। मुझे क्षमा करें कि मैं ऐसे सिद्ध के चरणों को त्यागकर तीर्थ करने चला था।"

दासगणु को ग्लानि हो रही थी कि उन्होंने बाबा से तीर्थस्नान वाली बात छिपाने का प्रयास क्यों किया? अचानक एक अलौकिक अनुभूति हुई। ऐसा जान पड़ा मानो बाबा के चरणों से तीन धाराएँ निकलीं व एकाकार हो गईं। वे धाराएँ गंगा, यमुना तथा सरस्वती का ही तो रूप थीं।

तभी बाबा का स्वर सुनाई दिया, ''दासगणु! त्रिवेणी स्नान से पापकर्मों का क्षय हो गया?''

दासगणु कुछ भी कहने की स्थिति में कहाँ थे! थोड़ा सँभलकर अभिभूत स्वर में बोले, ''बाबा! आपके ही चरणों से त्रिवेणी प्रवाहित हो रही है तो मुझे क्या सूझी कि प्रयाग जाने का विचार किया। देखिए तो, त्रिवेणी स्नान से मेरे वस्त्र तक भीग गए। आज्ञा दें तो मैं सूखे वस्त्र धारण कर आऊँ ?''

दासगणु के वस्त्र तो सचमुच भीग गए थे। साईं बोले, ''इस संसार के सभी तीर्थ व मंदिर तो स्वयं तुम्हारे ही हृदय में बसे हैं। अपने मन को स्वच्छ और निर्मल कर लो। सबकुछ स्वयं ही सहज हो जाएगा। ईश्वर तो अपने भीतर हैं, उन्हें खोजने के लिए बाहर क्यों जाया जाए?''

दासगणु ने पुनः चरणों में माथा टेका और फिर वस्त्र बदलने जाने के लिए उठे तो देखा कि उनके वस्त्र तो सूख चुके थे। साईं की इस लीला पर वे मुग्ध हो उठे। साईं ने अपना रूप दिखाकर फिर से स्वयं को आवरण में छिपा लिया था, किंतु सूर्य का प्रखर आलोक भी कभी किसी के छिपाए छिपता है?

अब साईं उन्हें देख बड़े ही स्नेह से मुसकरा रहे थे और दासगणु सभी शब्दों व विचारों से परे जाकर अपने प्रिय गुरु के मुखारविंद को अपलक ताक रहे थे। सचमुच कभी-कभी ऐसे क्षण भी आ जाते हैं, जब मुख से कुछ कहने की आवश्यकता ही नहीं रह जाती। आँखों की नमी और चेहरे के भाव ही सब कह जाते हैं। ऐसे में ही निःशब्द वार्त्तालाप संभव हो पाता है। उस दिन बाबा और दासगणु यही तो कर रहे थे।

❑

26

चावड़ी की शोभा यात्रा

साईं के भक्तों में राधाकृष्णा आई का नामोल्लेख भी आता है। उस भक्त महिला ने अपना सर्वस्व जीवन साईं और शिरडी के सेवा में अर्पित कर दिया था। राधाकृष्णा आई का नाम सुंदरबाई क्षीरसागर था। वे मधुरा प्रकार की भक्ति करती थीं। शिरडी की गलियों में साफ-सफाई करतीं, मसजिद की देखरेख करतीं और भक्तों को सृजनात्मक सेवा के कार्यों में लगने की प्रेरणा देतीं।

जब से वे शिरडी में आईं, बाबा की भक्ति का रूप बदल गया। बाबा की भक्ति को सार्वजनिक रूप देने के लिए आरती, राजसी उपहार, रथ उत्सव, समारोह, शोभा यात्रा व पालकी आदि को शामिल किया गया। यह बाबा के भक्तों का ही आग्रह था, जिसे निरासक्त व वैरागी बाबा को भी मानना ही पड़ा। सामूहिक भक्ति की उस धारा को अखंड रूप से प्रवाहित करने के लिए यह निर्णय लिया गया। आजीवन धूल भरे गड्ढों में और सामान्य रूप से जीवनयापन करनेवाले साईं के लिए आरतियाँ लिखी गईं।

बाबा एक दिन छोड़कर नियमित रूप से चावड़ी में शयन करने लगे। जिस दिन वे चावड़ी जाते तो दोपहर से ही सभामंडप में भजन-कीर्तन आरंभ हो जाता। नाना प्रकार के वाद्ययंत्रों के बीच बाबा के भजनों की मधुर ध्वनि सबको मोहित कर देती।

इधर पालकी का श्रृंगार किया जाता व साईं की जय-जयकार के नारे लगाए जाते। सभामंडप की शोभा देखते ही बनती थी। तरह-तरह के ध्वज फहराए जाते। बाबा का घोड़ा श्यामकर्ण भी द्वार पर खड़ा होकर हिनहिनाता कि बाबा कब आकर उस पर सवारी करेंगे।

बाबा तैयार होकर बैठ जाते किंतु तात्या के आए बिना वहाँ से न उठते। तात्या

उन्हें हाथ देकर उठाता और वे उसका सहारा लेकर ही बाहर आते। तात्या के लिए बाबा उसके मामा थे। बाबा अपनी उसी कफनी में होते। कंधे पर सटका, चिलम व तंबाकू साथ रहते।

बाहर निकलते समय तात्या उनके शरीर पर जरी का दुशाला सजा देता। मसजिद में दीपक को बुझाने के बाद ही बाबा चावड़ी को प्रस्थान करते।

उनके बाहर आते ही तरह-तरह के वाद्ययंत्र, तुरही आदि बजने लगते। नाना प्रकार की आतिशबाजियाँ की जातीं। भजन-कीर्तन के साथ मोहित भाव से नर्तन भी होता। कुछ भक्त बाबा के सिर पर चँवर डुलाकर अपना जन्म सार्थक कर लेते। कुल मिलाकर भक्तों को अपने बाबा से स्नेह जताने का पूरा अवसर मिलता था। साईं नाम के जयघोष से आसपास का सारा वातावरण गुंजायमान हो जाता। धन्य थे वे शिरडीवासी, जो प्रत्यक्ष में इस शोभायात्रा के साक्षी व भागीदार बनते।

गाँववाले अपने घरों से निकलकर बाबा के दर्शन करने आ जाते। चारों तरफ पुष्प और गुलाल की वर्षा की जाती। उस समय बाबा के मुखारविंद की दिव्य शोभा अवर्णनीय है। कहते हैं कि वे लगभग डेढ़ घंटे तक इसी प्रकार उत्तर की ओर मुख किए खड़े रहते और निरंतर अपना दाहिना हाथ ऊपर-नीचे करते रहते। उस समय म्हालसापति नृत्य करते किंतु बाबा निर्लिप्त भाव से यूँ ही खड़े रहते।

चावड़ी के आसन तक ले जाकर बाबा का यथाविधि पूजन किया जाता। चावड़ी में कई प्रकार से प्रकाश की व्यवस्था रहती। तात्या बाबा को थामकर आसन तक ले जाता। फिर उन्हें एक अँगरखा पहनाया जाता। दिव्य वस्त्र पहनाने के बाद बाबा को चंदन का लेप और सुगंध लगाई जाती। कभी स्नेहवश सोने का मुकुट पहनाया जाता तो कभी हीरे-जवाहरात की कलगी से सजी पगड़ी मस्तक की शोभा बनती। बाबा को अनेक मूल्यवान माणिक व रत्नों से सजी मालाएँ पहनाई जातीं। मस्तक पर तिलक सजता और सोने की जरीवाली पोशाक से साईं की दीप्ति और भी निखर जाती। जिस प्रकार माँ अपने बालक को नाना प्रकार से सजाकर अपने मन को तृप्त करती है, यहाँ भी कुछ ऐसा ही भाव दृष्टिगोचर होता था। बाबा को इन सब सांसारिक वस्तुओं का कोई मोह नहीं था। वे तो किसी शांत बालक की तरह बैठ जाते और अपने भक्तों को उनके मन की करने देते। भले ही भक्त उन्हें सुसज्जित कर देते, परंतु उनके मन में यह शंका बनी रहती कि कहीं बाबा वे सब उतार न फेंकें, परंतु ऐसा अवसर कभी नहीं आया। साईं ने सदैव अपने भक्तों के स्नेह का मान रखा। नाना साहेब बाबा के सिर पर पर कपड़े का छत्र लेकर खड़े होते, जो झालरों से शोभयमान होता। उसके केंद्र में एक छड़ी रहती, जो छत्र को गोल-गोल घुमाती।

बाबा के लिए चिलम तैयार की जाती। तात्या उसे फूँककर प्रज्वलित करता और बाबा एक कश लगाकर उस चिलम को म्हालसापति को दे देते। इस प्रकार वे तीनों अंतरंग भक्त चिलम के बुझने तक उसका सेवन करते रहते।

पंचोपचार पूजन के बाद बाबा की पंचारती की जाती। आरती समाप्त होने पर भक्त बाबा के चरणों में माथा टेककर अपने-अपने घर लौट जाते। तात्या जाने को होता तो बाबा उससे कहते, ''जाओ, पर कभी-कभी रात को आकर मुझे देख जाया करो।''

सबके जाने के बाद बाबा अपने हाथों से बिस्तर तैयार करते। वे एक के ऊपर एक सफेद चादरें बिछाते और उन पर लेटा करते।

इस प्रकार बाबा ने वैयक्तिक पूजन को सामूहिक व सामुदायिक पूजन पद्धति में विलीन कर दिया। यही परंपरा आज तक भी चली आ रही है। शिरडी में उनके समय में जो भी समारोह हुआ करते थे, उन्हें आज भी उसी उत्साह व श्रद्धा से मनाया जाता है।

❑

27

साईं की गवाही

साईं को एक बार एक चोरी के आरोपी के कहने पर पुलिस अधिकारी के प्रश्नों का उत्तर देना पड़ा था। हुआ यूँ कि शिरडी के आसपास किसी चोर ने एक हीरा चुराया था। उसे जब पकड़ा गया और पूछताछ की गई कि उसे वह हीरा कहाँ से मिला तो उसने कहा, "मुझे तो यह शिरडी के साईं ने दिया है।"

इस बारे में जाँच-पड़ताल करने के लिए पहले साईं को थाने में बुलवाया गया। न्यायालय से आए बुलावे को बाबा ने धूनी में जला दिया और उनके भक्तों ने थाने में आग्रह किया कि बाबा जैसे संत को गवाही के लिए न बुलाया जाए। जब बाबा नहीं गए तो एक अधिकारी स्वयं पूछताछ करने के लिए मसजिद आ गया।

उस अधिकारी को द्वारिकामाई में बिठाया गया। यहाँ साईं ने उसके प्रश्नों के जो उत्तर दिए। वे निश्चित रूप से उनके अलौकिक स्वरूप का परिचय देते हैं। पाठक भी स्वयं ही पढ़ कर अनुमान लगा लें।

अधिकारी : बाबा, आपका नाम क्या है?

साईं : लोग मुझे साईं बाबा कहते हैं।

अधिकारी : आपके पिता का नाम क्या है?

साईं : उनका नाम भी साईं बाबा ही है।

अधिकारी : आपके गुरु का नाम क्या है?

साईं : वैंकुशा

अधिकारी : आपका धर्म व पंथ क्या है?

साईं : कबीर पंथ

अधिकारी : आपकी प्रजाति?

साईं : परवरदिगार

अधिकारी : कृपया अपनी आयु बताएँ।

साईं : लाखों वर्ष।

अधिकारी : शपथ लें कि जो भी कहेंगे सत्य कहेंगे।

साईं : मैं सत्य ही कहता हूँ।

अधिकारी : क्या आप इस चोर को जानते हैं?

साईं : हाँ, मैं सबको जानता हूँ।

अधिकारी : यह स्वयं को आपका भक्त कहता है। इसका कहना है कि ये आपके पास रहता था?

साईं : हाँ, मैं ही सबमें रहता हूँ और ये सब मेरे ही तो हैं।

अधिकारी : इस चोर ने जो हीरा चुराया है, उसके लिए इसका कहना है कि आपने इसे दिया था?

साईं : हाँ, मैं ही देता हूँ अन्यथा कौन किसे देता है?

अधिकारी : क्या आप सत्य कह रहे हैं?

साईं : संसार में मेरी इच्छा के बिना कुछ नहीं घटता।

अधिकारी : यदि आपने इसे यह हीरा दिया तो आपके पास कहाँ से आया?

साईं : सबकुछ मेरा ही तो है।

अधिकारी : बाबा! इस चोरी के मामले में आपको गंभीरता से गवाही देनी होगी। क्या उसने आपसे चोरी की वस्तुएँ लीं?

साईं : मैं समझ नहीं पा रहा कि आप मेरा संबंध किस बात से जोड़ना चाह रहे हैं। यह मेरी समझ के बाहर है।

इस प्रकार वह अधिकारी कुछ और प्रश्न पूछकर वहाँ से लौट गया। वह इस विषय में कोई निर्णय नहीं ले पाया और न ही यह सिद्ध कर सका कि बाबा ने किसी चोर को चोरी की वस्तु दी थी। यह प्रश्नोत्तर बाबा के दिव्य स्वरूप का परिचय देता है।

❑

28

कहाँ गया ताँगेवाला?

जो भक्त स्वयं को सच्चे अर्थों में बाबा को समर्पित कर देता था, बाबा उसके सुख-दुःख का सारा भार अपने ऊपर ले लिया करते थे। इसके बाद उसे अपने किसी भी कष्ट के लिए विचार नहीं करना पड़ता था। जिस प्रकार कोई कष्ट आने पर माँ बालक को अपने आँचल में सहेज लेती है, उसी तरह बाबा भी भक्त के कष्ट का निवारण कर दिया करते थे, भले ही वह कितनी दूरी पर क्यों न बैठा हो।

यह प्रसंग बाबा के इसी रूप का स्मरण करवाता है। एक दिन उन्होंने रामगीर बुवा नामक भक्त को बुलाकर कहा, "तुम घर लौटते समय जामनेर होते हुए जाना। वहाँ नाना की पुत्री अत्यंत कष्ट में है। उसकी प्रसव-पीड़ा समाप्त नहीं हो रही और सभी व्यथित हैं।"

फिर वे शामा से बोले, "शामा! कागज के एक टुकड़े पर माधव अडकर द्वारा रचित आरती लिख दो और साथ में विभूति की पुड़िया दे दो। बुवा ये वस्तुएँ प्रसाद-स्वरूप दे देंगे और अल्लाह चाहेगा तो बिटिया को तुरंत आराम आ जाएगा।"

शामा ने कहा, "जी बाबा! मैं तो आजकल प्रत्येक भक्त को उस आरती के विषय में बताता हूँ। वह तो सचमुच मंगलदायिनी है। बुवा जामनेर में नाना को यह आरती और विभूति देते जाएँगे।"

बुवा पहले तो चुप रहे किंतु फिर संकोच त्यागकर बोले, "बाबा! कहने में संकोच तो होता है, किंतु मेरे पास इतने पैसे नहीं कि मैं जामनेर जा सकूँ? केवल दो ही रुपए शेष हैं, जो मुझे मेरे निवासस्थान तक पहुँचाने के लिए पर्याप्त हैं। यदि राह में जामनेर रुका तो घर जाने के लिए पैसे नहीं बचेंगे।"

बाबा बोले, "बुवा! तुम एक नेक काम करने जा रहे हो और अल्लाह नेक काम करनेवालों की सदा सहायता करता है। वे स्वयं ही ऐसा कोई प्रबंध कर देंगे

कि तुम्हें राहखर्च की चिंता नहीं करनी पड़ेगी। बस तुम शीघ्र ही प्रस्थान करो।''

बुवा के जाते ही शामा ने पूछा, ''बाबा! नाना तो आपसे इतनी दूरी पर हैं। आपको उनके परिवार के इस कष्ट का कैसे पता चला?''

बाबा बोले, ''शामा! तुम बहुत भोले हो। नाना वहाँ पुत्री की पीड़ा से बेहाल है। क्या उसका कष्ट मुझ तक नहीं पहुँचेगा? क्या मैंने यूँ ही तुम सबका भार अपने सिर लिया है?''

इसके बाद बाबा ने सभी भक्तों को विश्राम के लिए जाने को कहा और स्वयं ध्यान में बैठ गए।

सचमुच वहाँ जामनेर में नाना साहेब के घर कोहराम मचा था। नाना बाबा की तसवीर के आगे बिसूर रहे थे। उनकी पुत्री मैना ताई प्रसव-वेदना से तड़प रही थी और बालक का जन्म नहीं हो पा रहा था। कोई भी दवा कारगर नहीं हो रही थी।

नाना के मन में एक ही अभिलाषा थी कि किसी तरह बाबा की विभूति और आशीर्वाद मिल जाए तो उनकी पुत्री और उसकी भावी संतान की प्राणरक्षा संभव हो पाएगी।

कुछ ही घंटों के बाद बुवा जामनेर जा पहुँचे और नाना साहेब से कहा, ''यह लीजिए, बाबा ने विभूति और प्रसाद के रूप में आरती दी है। पुत्री को यह विभूति दे दें और आरती करें।''

नाना चकित थे किंतु उस समय कौतूहल शांत करने का अवसर न था। सौरगृह में मैना को पानी में घोलकर विभूति दी गई और नाना साहेब आर्तस्वर में आरती का पाठ करने लगे। कुछ ही देर में वहाँ से मैना के कुशलतापूर्वक प्रसव होने का समाचार आ गया।

उनकी पत्नी आकर बोली, ''बाबा की अनुकंपा से मैना ने पुत्र को जन्म दिया है। माँ और बेटा पूरी तरह से स्वस्थ हैं।''

रामगीर बुवा को भी यह सुनकर हार्दिक संतोष मिला कि उनका आना सफल हो गया। सबने मिलकर बाबा के नाम का जय-जयकार किया।

रामगीर जाने लगे तो नाना ने जलपान के लिए रोक लिया और बड़े ही स्नेह से जिमाया।

भोजन के बाद उन्होंने हाथ जोड़कर कहा, ''यदि आप यहाँ तक आने का कष्ट न करते तो संभवतः मेरी पुत्री अब भी प्रसव पीड़ा ही झेल रही होती। आपका यहाँ अचानक आना बाबा द्वारा रचे गए संयोग से कुछ कम नहीं है।''

रामगीर हैरानी से बोले, ''मैं अपने आप नहीं आया। भले ही वहाँ से मुझे

बाबा ने भेजा था, किंतु कल रात आपने ही तो मुझे जलगाँव से यहाँ लाने के लिए ताँगा भेजा था।''

''ताँगा···पर मैंने तो कोई वाहन नहीं भेजा। फिर जब मुझे आपके आने की कोई सूचना ही नहीं थी तो ताँगा मैं कैसे भेज सकता था!'' अब नाना के हैरान होने की बारी थी।

रामगीर बोले, ''नाना साहेब! क्यों मखौल करते हैं। मैं कल रात पौने तीन बजे जलगाँव उतरा तो केवल दो ही आने शेष थे और आपके जामनेर आने का कोई साधन नहीं दिख रहा था। तभी एक ताँगेवाला आया और मेरा नाम लेकर कहा, चलिए! आपको लेने आया हूँ। मुझे नाना साहेब ने आपको लिवाने भेजा है।''

''हैं···ये कैसा चमत्कार है? मुझे तो कुछ समझ नहीं आ रहा।''

इधर रामगीर तो अपनी बात पर डटे थे। वे स्वयं उस दो घोड़ोंवाले सुंदर ताँगे पर सवार होकर आए थे, जिसे एक वरदीधारी चपरासी हाँक रहा था। उन्होंने तो स्वयं उस चपरासी से बातचीत की थी। उसने रास्ते में ताँगा रोककर घोड़ों को पानी पिलाया और बुवा से जलपान करने को कहा।

बुवा को उसकी वेशभूषा देखकर लग रहा था कि वह एक मुसलमान है। उन्होंने उसके हाथ का लाया जलपान करना अस्वीकार कर दिया तो वह बोला, ''आप मुझे यवन जानकर ही ऐसा व्यवहार कर रहे हैं। आपकी शंका का समाधान करने के लिए बता दूँ कि मैं तो गढ़वाली क्षत्रिय राजपूत हूँ। आपको यह जलपान करने में संकोच नहीं करना चाहिए।''

तब बुवा ने उसका लाया जलपान भी किया। वे बहुत ही आनंदित थे कि बाबा ने कितनी सुंदर व्यवस्था कर दी थी। उन्होंने नाना के हाथों वाहन का प्रबंध कर दिया था अन्यथा आधी रात को वे जामनेर कैसे जाते और फिर उनके पास पैसे भी तो नहीं थे।

अब अचानक रामगीर को याद आया कि सुबह नाना को विभूति देने की उत्कंठा में उन्होंने इस बात पर धयान नहीं दिया था कि वह ताँगेवाला और उसके घोड़े अचानक ही गायब हो गए थे। वे तो नाना के घर के भीतर आ गए। जब काफी समय बाद उसकी याद आई तो बाहर कोई नहीं था। यहाँ नाना कह रहे थे कि उन्होंने किसी को भेजा ही नहीं था।

दोनों के मन में एक ही सवाल था, जिसका उत्तर उन दोनों के पास नहीं था—

ताँगेवाला कौन था और कहाँ गया?

क्या पाठकों को भी इस प्रश्न का उत्तर बताना होगा?

❑

29

बाबा ने निभाया वचन

बाबा का हेमाडपंत पर विशेष स्नेह था। वे अनेक वर्षों से उनकी सेवा में निरत थे। सन् 1917 की घटना है। एक रात हेमाड़पंत ने स्वप्न देखा कि बाबा उन्हें उठाकर सूचित कर रहे हैं कि वे दोपहर को उनके यहाँ भोजन करने आएँगे।

यूँ तो बाबा से अनेक वर्षों का स्नेहबंधन था किंतु उन्होंने कभी यह नहीं सोचा था कि बाबा उनके घर भी पधार सकते हैं। स्वप्न से जागे तो पत्नी से कहा, ''आज होली का दिन है। दोपहर को भोजन के लिए एक संन्यासी पधारेंगे। उनकी भी व्यवस्था रखना।''

पत्नी ने पूछताछ की तो उन्हें बताना पड़ा कि स्वयं बाबा ने स्वप्न में आने को कहा है।

उनकी पत्नी को इस विषय में विश्वास नहीं हुआ, वे बोलीं, ''शिरडी के अत्युत्तम नैवेद्य को त्यागकर वे बांद्रा में आपके घर का सादा भोजन करने आएँगे?''

हेमाडपंत बोले, ''मैं नहीं जानता। मुझे तो केवल इतना पता है कि चाहे वे स्वयं न आएँ। पर वे कोई दूसरा रूप धारण कर आ सकते हैं।''

परिवार में सभी संबंधी पधारे थे। भोजन के समय पंगत लगाकर अतिथि के लिए स्थान छोड़ दिया गया। कुछ समय तक प्रतीक्षा के बाद भोजन परोसना वितरण प्रारंभ हुआ। ईश्वर को भोग लगाकर भोजन करने ही वाले थे कि सीढ़ियों पर पदचाप सुनाई दी।

हेमाडपंत ने द्वार खोला तो वहाँ दो व्यक्ति खड़े थे। अली मुहम्मद व मौलाना इस्मू मुजावर। उन्होंने देखा कि गृहस्वामी भोजन के थाल से उठे हैं तो बड़ी

व्यग्रता से बोले, "आप केवल यह अमानत रख लें। यह हम आपके पास क्यों लाए हैं, इस बारे में फिर बता देंगे। इसलिए पहले आप भोजन करें।"

पुराने अखबारों में लिपटा एक पैकेट सबके लिए कौतूहल पैदा कर रहा था। हेमाडपंत ने उसे मेज पर रखकर खोला तो उसमें से बाबा का मनोहारी चित्र निकला। यह देख सभी दंग रह गए। वास्तव में बाबा का चित्र ऐसा था मानो अभी सजीव हो उठेगा।

हेमाडपंत ने पत्नी की ओर देखकर कहा, "भाग्यवान! अतिथि देव पधार गए। फिर उसी चित्र को अतिथि के स्थान पर रखकर भोग लगाया गया और सबने द्वार पर आए उन दो व्यक्तियों सहित भोजन ग्रहण किया।"

बाबा ने हेमाडपंत को दिया वचन निभा दिया था। भले ही वे स्वयं प्रत्यक्ष रूप से शिरडी से बांद्रा आने में असमर्थ थे, किंतु उन्होंने उचित समय पर सबको अपनी उपस्थिति का आभास दे दिया था।

भोजन के बाद हेमाडपंत उस चित्र के बारे में जानना चाहते थे, किंतु उस दिन यह संभव नहीं हो सका। पूरे नौ वर्ष बाद पुनः अली मुहम्मद से भेंट का संयोग बना और उन्होंने हेमाडपंत को बताया—"मैंने एक दुकान से बाबा का यह चित्र खरीदा था। बाबा से स्वाभाविक स्नेह होने के कारण मैं प्रतिदिन उनके चित्र के दर्शन करता था। मेरे कक्ष में दूसरे सिद्ध संतों के चित्र भी लगे थे। हुआ यूँ कि कुछ समय बाद मैं इतनी बुरी तरह से बीमार पड़ा कि मुझे चिकित्सा करवाने के लिए अपने साले के घर आश्रय लेना पड़ा। वहाँ से रोगमुक्त होकर कुछ माह बाद लौटा तो जाने कैसे कुछ ही समय में बाकी चित्र तो नष्ट हो गए, किंतु यह चित्र बचा रहा। फिर कुछ घटनाक्रम ऐसे रहे, जिनके कारण मुझे अपने घर लगे संतों के चित्र उतारने पड़े। जिस शिष्य ने अपने गुरु के चित्र बनवाकर वितरित किए थे, उसने उन्हें मँगवाकर विसर्जित करवा दिया। मुझे भी यही कहा गया कि अपने घर से सारे चित्र हटा दो, यही उचित रहेगा।

मैंने अपने प्रबंधक मेहता को संदेश भिजवाया कि वे सारे चित्र समुद्र में विसर्जित करवा दें। यदि यह साधारण चित्र रहा होता तो निश्चित रूप से इसे भी उस दिन यही गति प्राप्त हुई होती, किंतु आश्चर्य की बात तो यह रही कि मेरे द्वारा सभी चित्रों को समुद्र में विसर्जित करने का आदेश देने के बाद भी ये चित्र जाने कैसे बच गया!

मुझे लगा कि यदि मेरे साले ने इसे भी देख लिया तो वही बात दोहराएँगे कि हमें घर में ये चित्र नहीं लगाने। मन-ही-मन विचार कर रहा था कि इस

चित्र को किस सत्पात्र को सौंपा जाए। तभी विचार आया कि मौलाना इस्मू से इस बारे में पूछा जाए। उनके पास गया तो उन्होंने कहा कि आप ही इस चित्र को भली-भाँति सँभाल सकेंगे। इसलिए उस दिन हम दोनों व्यक्तिगत रूप से आपको बाबा का वह चित्र देने आए थे और यहाँ आकर बाबा द्वारा आपको स्वप्न में दर्शन देकर अतिथि बनने वाली बात का पता चला तो हमने स्वयं को धन्य माना कि उन्होंने इस सत्कार्य के लिए हमें माध्यम के रूप में चुना।''

❑

30

बाबा का शामा

गाँव-देहात में प्राय: लोगों को विषैले जीव-जंतु काटते ही रहते हैं। स्थानीय वैद्य या मंदिर में प्रभु की कृपा से रोगी स्वस्थ हो जाते हैं। एक बार बाबा के प्रिय शामा को भी साँप ने काट लिया। देखते-ही-देखते उसके पूरे शरीर में विष फैल गया।

आस-पड़ोस के लोग घर में एकत्र हो गए। वहाँ की प्रथा के अनुसार उन्होंने परामर्श दिया कि शामा को विठोबा के मंदिर ले जाना चाहिए। उन्हीं की कृपा से सर्प का विष उतर सकता है। शामा तो अपने बाबा को ही विठोबा मानता था। पूरे शरीर में विष का प्रभाव दिखाई देने लगा और तीव्र पीड़ा होने लगी। जब लोगों ने उसे मंदिर ले जाने की जल्दबाजी दिखाई तो वह बोला, ''मेरे विठोबा तो साईं ही हैं। यदि ले जाना ही चाहते हो तो वहीं ले चलो। यदि मेरे प्राण बच सकते हैं तो वही एकमात्र रक्षक हैं।''

शामा मसजिद के पास पहुँचा तो बाबा ने देखते ही दूर से झिड़कियाँ देनी आरंभ कर दीं, ''खबरदार! बामन, ऊपर मत चढ़। सावधान हो जा। नीचे उतर जा। इसी पल नीचे उतर जा। दूर हट, नीचे उतर, दूर हट, नीचे उतर।''

वहाँ खड़े लोगों और शामा को लगा कि उन्हें मसजिद की सीढ़ियों से भीतर जाने को मना किया जा रहा है। शामा ने सोचा—'मैं तो बाबा को अपना प्राणरक्षक मानकर आया था। अब यदि वे ही मुझे अपने पास आने से रोक रहे हैं तो मैं कहाँ जा सकता हूँ?' वह वहीं बैठ गया।

आसपास के लोगों को भी बाबा का यह व्यवहार बड़ा ही अटपटा लगा। वे सर्पदंश के रोगी को अपने पास बुलाकर उसकी चिकित्सा भी तो कर सकते थे।

शामा वहीं मसजिद के बाहर शांति से बैठा रहा। उसने सोच लिया था कि यदि बाबा चाहेंगे तभी उसकी प्राणरक्षा होगी।

थोड़ी देर बाद बाबा का रोष शांत हुआ तो शामा जाकर बाबा के चरणों में बैठ गया। वे बोले, ''चिंता मत कर। अल्लाह मालिक! तू जल्दी ही अच्छा होगा। घर लौट जा। विश्राम कर। बस ध्यान रहे कि तुझे सोना नहीं है। जब नींद आने लगे तो उठकर टहलने लगना। भोजन भी अवश्य कर लेना।''

शामा बाबा से अभय पाकर लौटा। उसने उनके आदेशों का अक्षरशः पालन किया और पूरी तरह से स्वस्थ हो गया।

भले ही उस दिन शामा को लगा हो कि बाबा ने उसे मसजिद की सीढ़ियों से ऊपर आने को मना किया था किंतु वह तो बाबा की ओर से सर्प के दंश को शरीर में ऊपर तक न आने की निषेधाज्ञा थी। वे उस सर्प के दंश को दुत्कारते हुए नीचे उतरने को कह रहे थे। केवल वही इस तथ्य को जान पाए, जो बाबा की अपरंपार महिमा से परिचित थे।

बाबा के परम भक्त शामा के लिए उनके मन में अपार स्नेह था। बाबा प्रायः अपने भक्तों के जीवन में क्रांतिकारी परिवर्तन लाने के लिए कोई-न-कोई कौतुक रचा करते। एक बार उनके यहाँ एक रामदासी ने आश्रय लिया। वह नित्यप्रति स्नान के बाद शरीर पर भस्म धारण करता और फिर विष्णुसहस्रनाम का जाप किया करता।

शामा उसे पढ़ते देख विस्मित हो जाता। संस्कृत के श्लोक उसे भले ही समझ नहीं आते थे, पर वह उस भाषा के सम्मोहन से बँध सा गया था। रामदासी किसी को अपनी पुस्तकों को हाथ तक नहीं लगाने देता था। एक दिन बाबा ने सबकी अनुपस्थिति में उससे कहा, ''रामदासी! मेरे पेट में बड़ी पीड़ा हो रही है। क्या तुम बाजार से औषधि ला दोगे?''

बाबा ने औषधि का नाम बताया और रामदासी लेने चल दिया। उसके जाते ही बाबा अपने आसन से उठे और उसकी विष्णुसहस्रनाम की प्रति शामा के हाथ पर रखकर बोले, ''आज से यह तेरी हुई। तुझे प्रतिदिन इसमें एक-एक श्लोक अवश्य पढ़ना होगा''

शामा की हैरानी की सीमा न रही। बाबा उसे रामदासी के जाप करनेवाली प्रति दे रहे थे। वे बोले, ''यह एक अद्‌भुत ग्रंथ है। इसका जाप करने से मनवांछित फल मिलता है। एक बार मैं बुरी तरह से बीमार पड़ गया। मेरे प्राण जाने ही वाले थे कि मैंने इस ग्रंथ को अपने हृदय पर धारण किया। अपने हृदय पर रखते ही मुझे असीम शांति और चैन मिला। ऐसा लगा कि प्रभु ने स्वयं आकर मेरी प्राण रक्षा की हो।''

''बाबा! मैं इसे कैसे रख सकता हूँ। ये तो रामदासी की है। वह एक महाक्रोधी और हठी इनसान है। मेरे पास अपनी पुस्तक देखेगा तो आवेश में आ जाएगा।''

शामा अल्पशिक्षित होने के कारण पुस्तक के जाप से बचना चाह रहा था। उसे

यह भी लगा कि कहीं बाबा उसके व रामदासी के बीच कलह का सुख पाने के लिए तो यह सब लीला नहीं कर रहे; क्योंकि सभी जानते थे कि रामदासी अपनी वस्तुओं के प्रति कितना आग्रह रखता था। उसे क्या पता था कि इस तरह बाबा अपने दो भक्तों का कल्याण कर रहे थे। विष्णुसहस्रनाम के जाप से शामा को सांसारिक दु:खों से मुक्ति मिलती और रामदासी को भी अपने कठोर विचारों में सुधार लाने का एक अवसर मिलता।

जब वह लौटा तो वहाँ उपस्थित दूसरे व्यक्ति ने झट से बता दिया कि उसके जाने के बाद क्या घटा था। वह तिलमिलाता हुआ शामा के पास जाकर बोला, "अच्छा! मुझे औषधि लाने के बहाने बाहर भिजवा दिया और फिर मेरी पुस्तक हड़प ली। पुस्तक लौटा दे वरना सिर फोड़ दूँगा।"

शामा ने बड़े ही स्नेह से सारी वस्तुस्थिति समझानी चाही, पर रामदासी पर तो आवेश का भूत सवार था। तब बाबा बोले, "रामदासी, उपद्रव मत करो। शामा तो बालक ही है। उसे कठोर वचन मत कहो। मैंने ही उसे तुम्हारी पुस्तक की प्रति दी है, ताकि तुम्हारी तरह उसका भी जीवन सँवर सके।"

"मैं नहीं जानता। मुझे तो मेरी पुस्तक वापस चाहिए।" रामदासी हठ से बोला।

बाबा ने कहा, "तुम इतने पवित्र ग्रंथ का जाप करते हो और इतनी अशुद्ध वाणी बोलते हो। दूसरों के प्रति कठोर व्यवहार करते हो। क्या यह तुम्हें शोभा देता है? बालक शामा से पुस्तक के लिए कलह कर रहे हो। मैंने ही उसे प्रति दी है, ताकि वह भी उसे पढ़े। तुम्हें तो वह कंठस्थ है, इसलिए तुम्हें कोई अंतर नहीं पड़ेगा, परंतु उसे इससे बहुत लाभ होगा।"

रामदासी चुप हो गया तो शामा ने ही कहा, "भले ही मुझसे पुस्तक के बदले में कुछ ले लो, पर जब बाबा ने प्रसाद स्वरूप पुस्तक मुझे दे ही दी है तो इसे वापस मत माँगो।"

रामदासी अपने व्यवहार पर लज्जित था। उसे समझ आ गया था कि केवल ग्रंथ रटने से ही मनुष्य महान् नहीं बन जाता। ग्रंथों की शिक्षाएँ जीवन में भी उतारनी होती हैं। शामा भी कहाँ कम था। वह भी उसे पंचरत्नी गीता की एक प्रति देकर ही माना, जिसे रामदासी ने सहर्ष स्वीकार किया। इस प्रकार बाबा ने दो भक्तों को उनके कर्तव्यपथ पर उन्मुख किया।

शामा से बाबा का स्नेह संबंध बहुत प्रगाढ़ था। जिस प्रकार बालक माँ से लाड़ लड़ाकर कुछ भी मनचाहा पा लेता है, उसी तरह शामा भी बाबा के हठी और स्नेही बालकों में से था। उसे जो भी चाहिए होता, वह अपनी साईं माँ से हठपूर्वक माँगता। कहना न होगा कि उसे कभी निराश नहीं होना पड़ता था। वह भी अपने

लिए कुछ नहीं माँगता था। प्राय: बाबा के दर पर आए भक्तों की पीड़ा ही उसे बाबा से उनकी सिफारिश लगाने के लिए विवश कर देती।

एक बार शिरडी में सोलापुर के सखाराम औरंगाबादकर अपनी पत्नी के साथ साईं के दर्शनों के लिए पधारे। नि:संतान दंपती संतान पाने के लिए जाने कितने दरवाजों पर माथे रगड़ चुके थे और जाने कहाँ-कहाँ की मन्नतें मान चुके थे, किंतु उनकी पत्नी की झोली अभी तक खाली ही थी।

औरंगाबादकर की पत्नी शिरडी में दो माह से ठहरी हुई थीं। वे चाहती थीं कि किसी दिन एकांत पाते ही बाबा से अपने मन की व्यथा कहें, किंतु जब भी वे द्वारिकामाई दर्शन करने आतीं, तो साईं के आसपास दर्शनार्थियों का मेला लगा होता। वे चुपचाप लौट जातीं। एक दिन उन्होंने शामा से कहा, ''यदि बाबा एकांत में हों तो आप कृपया मेरे लिए विनती करना।''

शामा ने कहा, ''बाबा के दर से तो कोई खाली हाथ नहीं जाता। यहाँ तो सबकी मनोकामनाएँ पूरी होती हैं। आप बरामदे में नारियल व अगरबत्ती लेकर बैठना। मेरे संकेत पर आगे आ जाना। तब तक मैं बाबा से आपके बारे में बात भी कर लूँगा।''

एक दिन भोजन के बाद शामा बाबा के हाथ तौलिए से साफ करवा रहा था कि उन्होंने उसके गाल में चुटकी काट ली।

शामा तो ठहरा बाबा का बालक! आवेश में आकर बोला, ''मुझे गाल में चुटकी क्यों काटी? मुझे ऐसा नटखट देव नहीं चाहिए जो यूँ ही तंग करे। मैं आप पर आश्रित हूँ, इसलिए आप मुझसे ऐसे पेश आते हैं?''

बाबा हँसकर बोले, ''अच्छा तू तो जन्मों-जन्मों से मेरे साथ है। फिर मेरे इस बरताव का बुरा क्यों मानता है? क्या मैंने पहले कभी तुझे ऐसे स्पर्श किया है?''

शामा ने कहा, ''वह सब तो मुझे याद नहीं, पर आप ही मेरे जीवन के सर्वस्व हैं। आपके पास नाना प्रकार के स्वादिष्ट पकवान पाता हूँ। आप मेरा हर प्रकार का हठ भी पूरा करते हैं, परंतु सच कहूँ तो मुझे केवल आपके स्नेह और आशीर्वाद की ही चाह है। मैं चाहता हूँ कि आपके चरणों में मेरी प्रीति सदा बनी रहे।''

बाबा हँसकर बोले, ''तुझे कुछ भी कहने की आवश्यकता नहीं है, मेरे लाडले!''

शामा को इस बातचीत से अनुमान हो गया कि साईं उस दिन प्रसन्नचित्त थे। वे जैसे ही जाकर अपने आसन पर बैठे, उसने उस महिला को संकेत कर दिया। वह अगरबत्ती और नारियल लेकर आगे आई और बाबा के चरणों में रख दिया। अब वहाँ उन तीनों के सिवा कोई न था, इसलिए उस महिला को भी संकोच नहीं हुआ।

बाबा ने हाथ में नारियल उठाकर हिलाया तो वह बजने लगा। वे शामा से

बोले, ''ये नारियल क्या कहता है? जरा सुन तो सही।''

शामा ने प्रसंगवश कहा, ''बाबा! ये बाई चाहती है कि जिस तरह यह नारियल आवाज कर रहा है, इनके पेट में भी बच्चा ऐसे ही गुड़गुड़ करे। कृपा करें और यह नारियल आशीर्वाद स्वरूप इनकी झोली में डाल दें।''

बाबा ने झिड़की दी, ''तुम लोग अशिक्षा और अंधविश्वास में कब तक जकड़े रहोगे। क्या केवल झोली में नारियल डाल देने से ही संतान हो जाएगी? संतान तो तभी होगी जब अल्लाह चाहेगा।''

शामा ने हठ किया, ''वही तो बाबा! आपका आशीर्वाद कभी खाली नहीं जाता। आप केवल बातों से न टालें और इस महिला को संतानवती होने का आशीर्वाद दें।''

बाबा बोले, ''नहीं, तुम इस नारियल हो तोड़ो, ताकि हम खा सकें।''

शामा और बाबा के बीच वार्त्तालाप चलता रहा। शामा चाहता था कि वे उस महिला को पुत्रप्राप्ति का आशीर्वाद दें। अंततः बाबा को अपने लाडले शामा का ही मान रखना पड़ा और उन्होंने नारियल को उक्त महिला की झोली में डाल दिया। फिर उस नारियल को तोड़ा गया। शामा ने पूछा, ''बाबा! इस महिला के घर संतान कब जन्म लेगी।''

''आगामी बारह मास में।''

''ठीक है।'' कहकर शामा ने उन्हें और महिला को नारियल खाने को दिया और स्वयं भी खाया। फिर वह उस महिला से बोला, ''मेरे देव ने जो आशीर्वाद दिया है, वह यदि सही समय पर फलीभूत न हुआ तो देखना कि मैं क्या करता हूँ। बहन! मैं इन देव के सिर पर ही नारियल फोड़कर इन्हें मसजिद से निकाल दूँगा। मैं कोरी बात नहीं करता। यदि तुम्हारे घर पुत्र का जन्म न हुआ तो इन्हें यहाँ रहने ही नहीं दूँगा; और तुम स्वयं आकर यह देख लेना।''

बाबा सामने बैठे शामा का यह रूप देखकर हँसते रहे। अपने भक्तों के साथ अधिकार का यह नाता भी उन्हें विशेष रूप से प्रिय था। यद्यपि शामा कई बार अपने दुलार के चलते ऐसी बातें भी मनवा लेता था, जो बाबा करना नहीं चाहते थे, परंतु वे उसे 'न' कभी नहीं कहते थे।

शामा को वैसा कोई कदम नहीं उठाना पड़ा। यथासमय उस महिला के घर संतान का जन्म हुआ और वह पाँच मास के बालक को लेकर बाबा का आशीर्वाद पाने आई। उस समय उसके पति ने बाबा के चरणों में पाँच सौ रुपए की भेंट चढ़ाई, जो बाबा के अश्व श्यामकर्ण के अस्तबल की छत बनाने के काम में आए।

❑

31

साईं बाबा की यात्रा

कहते हैं कि बाबा ने शामा व हेमाडपंत के साथ देश-भ्रमण भी किया था। यद्यपि इस विषय में कोई प्रामाणिक जानकारी नहीं मिलती, किंतु कुछ विद्वान् लेखकों का कहना है कि बाबा इस प्रकार की यात्रा पर गए थे।

शामा व हेमाडपंत चाहते थे कि वे बाबा के साथ यात्रा का अनुभव लें। उन्होंने निश्चय किया कि वे मध्य प्रदेश से होते हुए हरिद्वार की ओर प्रस्थान करेंगे।

अगली सुबह गाँववालों ने उन्हें विदाई दी। हालाँकि वे बाबा के वियोग से दुःखी थे, किंतु फिर भी सबने यात्रा की शुभकामनाएँ दीं। उन दिनों प्रायः पदयात्रा ही की जाती थी। वे लोग चलते-चलते एक ऐसे स्थान पर पहुँचे, जहाँ दूर-दूर तक किसी व्यक्ति का नामोनिशान नहीं था। आसपास के पेड़-पौधे धूप की मार से झुलसे पड़े थे। कहीं भी हरी वनस्पति दिखाई नहीं देती थी। उसे देखकर ही उन्होंने अनुमान लगाया कि हो-न-हो वहाँ काफी समय से वर्षा नहीं हुई है।

वे लोग गाँव में पहुँचे तो सूखे और अकाल की मार झेलते ग्रामीणों का दुःख देखकर उनका कलेजा मुँह को आ गया। एक तो गरमी का प्रकोप और ऊपर से वर्षा का अभाव—यह तो दोहरी मार थी।

गाँव में किसी आगंतुक को पिलाने के लिए जल कहाँ से आता, वे लोग तो स्वयं प्यास से तड़प रहे थे। मीलों चलकर जहाँ से पहले पानी ला रहे थे, वे साधन भी समाप्त हो गए थे। अब भूख और प्यास से मरने के सिवा कोई विकल्प ही नहीं बचा था।

साईं की आँखों से अश्रुधारा बहने लगी। शामा ने उनके कहने पर एक कटोरा निकालकर आगे कर दिया। उन्होंने अपने उन आँसुओं को उस कटोरे में एकत्र कर लिया। गाँव के भूखे-प्यासे आर्तजन यह चमत्कार देख रहे थे। साईं ने कहा, ''शामा! इस कटोरे की कुछ बूँदें गाँव के हर पोखर और कुएँ में डाल आ।''

शामा ने ऐसा ही किया। फिर बाबा बोले, ''जाओ हेमाडपंत और शामा! तुम गाँववालों के साथ जाकर कुएँ से पानी पीकर प्यास बुझाओ और मेरे लिए भी थोड़ा पानी लेते आना।''

गाँववाले कुछ समझ नहीं सके। जब वर्षा ही नहीं आई तो कुएँ में पानी कहाँ से आया होगा, किंतु जब वे वहाँ बाल्टियाँ और रस्सी लेकर गए तो कुएँ में पानी देख विस्मित हो उठे। बाबा के अलौकिक प्रभाव से वहाँ के पोखर और जलाशयों में पानी भर गया था। साईं का चमत्कार देख सभी श्रद्धा से अभिभूत हो उठे। साईं ने गाँववालों को अपनी शिक्षाओं का अमृतपान करवाया। जब उन्होंने विदा ली तो गाँववासी भावुक हो उठे—''आज आपने हमें जो शिक्षाएँ दी हैं। हम आजीवन उनका पालन करेंगे। साईं बाबा की जय हो!''

इसी प्रकार बाबा भ्रमण करते-करते एक ऐसे गाँव में पहुँचे, जहाँ शाम होते ही चारों तरफ घना अंधकार छा गया। किसी के घर में चूल्हा या दीपक नहीं जल रहा था। सभी नीम अँधेरे में बैठे फुसफसा रहे थे।

शामा बोला, ''बाबा! गाँव में कैसी मनहूसियत फैली है। क्या ये लोग इतने निर्धन हैं कि जरा सी आग भी नहीं जला सकते? न ही किसी घर में चूल्हा जल रहा है! मानो आज सब उपवास पर हैं।''

बाबा बोले, ''शामा! प्राय: जब किसी प्रिय की मृत्यु होने वाली हो तो घरों में लोग चूल्हे नहीं जलाते। अवश्य ही किसी संपन्न घर में कोई शोक समाचार है अथवा होनेवाला है। तभी ये सब इस तरह बैठे होंगे। तुम आगे जाकर पता लगाओ।''

बाबा का अनुमान गलत नहीं था। शामा को पता चला कि उस गाँव के जमींदार का पुत्र सख्त बीमार था और लाख इलाज कराने पर भी आराम नहीं आया था। वह किसी भी समय स्वर्ग सिधार सकता था, इसलिए वे सब जमींदार के भय से पूरे गाँव में अंधकार किए बैठे थे।

बाबा जमींदार की हवेली पर पहुँचे तो दरबान ने भीतर जाने की इजाजत नहीं दी। तभी जमींदार अंदर से बाहर आ गया। उसने द्वार पर खड़े फकीर और दो भक्तों को देखकर पूछा, ''कौन हैं आप लोग? अभी यहाँ से जाइए। मैं आपको कुछ भी देने की मनोदशा में नहीं हूँ। मैं अपने परिवार पर आए संकट से जूझ रहा हूँ।''

बाबा बोले, ''पुत्र! हम तो अल्लाह के बंदे हैं। हो सकता है, हम तुम्हें कुछ देने आए हों, इसलिए हमें भीतर आने दो।''

बाबा ने उससे कहा कि वह उसे अपने रोगी पुत्र के पास ले जाए। जमींदार से

पता चला कि उसके बेटे के दिमाग में फोड़ा था और सभी तरह के देशी–विदेशी इलाज असफल हो चुके थे।

बाबा बोले, ''चलिए, अल्लाह मालिक! हम देखते हैं कि क्या हो सकता है।''

जमींदार की आँखों से आँसू टपकने लगे, ''बाबा! आपकी भावनाओं की कद्र करता हूँ, किंतु जब इतने बड़े–बड़े डॉक्टर और उनकी दवाएँ हार गईं तो आप क्या कर पाएँगे। मैं तो हूँ ही अभागा। जिस इकलौते पुत्र के लिए इतनी दौलत कमाई, वही आज मुझे यूँ छोड़कर जा रहा है। आज महीनों बीत गए, उसकी आवाज तक सुनने को कान तरस गए हैं।''

बाबा उस बच्चे के पास पहुँचे और अपनी चिलम से चुटकी भर राख निकालकर उस बच्चे को खिला दी। फिर उसके सिर पर स्नेह से हाथ फिराने लगे।

कुछ देर जाने मन–ही–मन क्या बुदबुदाते रहे। फिर बोले, ''अब बालक बिलकुल ठीक है। तुम डॉक्टरों को वापस भेज दो। इसे किसी दवा की आवश्यकता नहीं है।''

''सच बाबा!'' जमींदार को अभी विश्वास नहीं हो रहा था।

इसी बातचीत के दौरान बच्चा बिस्तर से उठ खड़ा हुआ और पिता के गले में बाँहें डालकर बोला, ''देखो बाबा! मैं तो ठीक हो गया। अब न तो मेरा सिर चकरा रहा है और न ही मुझे चक्कर आ रहे हैं।''

वहाँ खड़े डॉक्टर भ्रमित थे। वे जिस बालक को मृत्यु के पथ का यात्री बता चुके थे, वह उनके सामने भला–चंगा खड़ा था। सभी इस करिश्मे को देख दंग थे। जमींदार ने रोते–रोते पुत्र को गले से लगाया और बोला, ''मैं तेरा बाबा नहीं। आज से ये हमारे बाबा हैं। यदि आज ये न आते तो शायद मैं आजीवन ये शब्द सुनने को ही तरस जाता।''

शामा और हेमाडपंत के नेत्र भी सजल हो उठे। जमींदार ने सबको भोजन करने का आग्रह किया तो बाबा ने कहा कि वे उसकी किसी प्रजा के यहाँ भोजन करेंगे। उसके यहाँ तो वे केवल उस छोटे बालक के उपचार के लिए ही आए थे।

''बाबा! मैं आपकी क्या सेवा कर सकता हूँ। आपने मेरा प्राणधन मुझे लौटाया है। यदि बदले में मुझसे मेरे प्राण भी माँगेंगे तो मैं अर्पित कर दूँगा।''

बाबा बोले, ''मुझे कुछ नहीं चाहिए। हम अल्लाह के बंदे हैं। हम तो बादशाह हैं। हमें किसी चीज की आवश्यकता नहीं। तुम्हें बस यही कहना चाहता हूँ कि यदि ईश्वर ने कोई पद सौंपा है तो उसका उत्तरदायित्व सही तरह से निभाओ।

अपनी प्रजा का संतान की तरह ध्यान रखो। यदि तुम्हारे होते तुम्हारी प्रजा किसी भी प्रकार का कष्ट सहती है तो उसका दायित्व तुम्हारे ऊपर आता है।''

पूरे गाँव में यह खबर आग की तरह फैल गई कि किस तरह एक फकीर ने जमींदार के बेटे को मौत के मुँह में जाने से बचा लिया। सभी खुशियाँ मनाने लगे। अँधेरे गाँव में दीपमाला होने लगी। बाबा इन सबका हिस्सा बनने की बजाय गाँव के सीमांत तक जा पहुँचे थे। घना वन प्रारंभ होने से पहले ही एक कुटिया दिखाई दी। बाबा बोले, ''आज हम यहीं विश्राम करेंगे।''

द्वार खटखटाने पर भीतर से एक वृद्धा बाहर आई। उसने अतिथियों को कुटिया में बैठने का स्थान और पीने के लिए जल दिया।

कुछ ही देर में उसका पति भी आ गया। वह बाबा को देखकर बोला, ''हम तो धन्य हो गए। आप तो वही फकीर हैं, जिन्होंने आज हमारे जमींदार के बेटे को जीवनदान दिया है। मैं उस समय हाट में ही था, जहाँ चारों ओर आपकी महानता के चर्चे हो रहे थे।''

वृद्धा ने भी सब सुना तो हाथ जोड़कर बोली, ''हम भाग्यवान हैं कि आप जमींदार के घर का भोजन छोड़कर यहाँ पधारे।''

बाबा बोले, ''माई! आज तेरे घर से ही भिक्षा पाएँगे।''

''बाबा! कहने में संकोच होता है कि इस निर्धन की कुटिया में आज दो मुट्ठी कच्चे चावल के सिवा कुछ भी नहीं है। उससे आप सबके भोजन का प्रबंध पूरा नहीं हो पाएगा।''

''चिंता कैसी? जितना बनेगा, हम सब मिल-बाँटकर खा लेंगे। माँ, तुम हाँड़ी तो चढ़ाओ।''

बाबा के कहने पर बुढ़िया ने चूल्हा जलाया। जब वह चावल चढ़ाने लगी तो वे बोले, ''हंड़िया में पानी ऊपर तक भर देना।''

''बाबा! चावल तो जरा से हैं और कोई दाल भी नहीं है।''

''घर में गुड़ है?''

''हाँ, जरा सा गुड़ है।'' बुढ़िया ने पोटलियाँ टटोलीं तो उसमें से थोड़ा सा गुड़ निकल आया।

''बस इन चावलों में यह गुड़ भी डाल दो।''

कुछ देर बाद जब चावल आँच से उतारे गए तो मेजबान की हैरानी की सीमा न रही। वह हँड़िया तो चावलों से लबाबल भर गई थी। सबने बड़े ही स्वाद से भरपेट मीठे चावल खाए। बुढ़िया की आँखें छलछला उठीं। वह बोली, ''वाह

बाबा! एक निर्धन की कुटिया में आकर उसका मान भी रख लिया। मेरे दो मुट्ठी चावल को ही मीठे व्यंजन में बदल दिया। धन्य हैं आप।''

''धन्य मैं नहीं, अल्लाह मालिक है! वही सब ओर नजर रखता है। तुम सच्चे दिल से द्वार पर आए अतिथि को जिमाना चाहती थीं, इसलिए तुम्हारा अल्प मात्रा में परोसा गया, अन्न भी पर्याप्त हो गया। हमेशा याद रखना इस संसार में यदि कोई भी कार्य सच्चे भाव से किया जाए तो वह अवश्य पूरा होता है।''

बाबा ने चलने से पहले वृद्ध दंपती को आशीर्वाद दिया और कहा कि उन्हें अपना शेष जीवन ईश्वर की सेवा में लगा देना चाहिए। अगली सुबह वे तीनों आगे की यात्रा पर निकल पड़े।

❑

32

दुकान पर लगी भीड़

इसी तरह चलते-चलते बाबा शामा और हेमाड के प्रश्नों के उत्तर देते जाते। उनकी सरल व जटिल जिज्ञासाओं का समाधान करते। वनप्रांतर की शोभा निहारते-निहारते बहुत अच्छा समय बीत रहा था। वे लोग प्रकृति के अनुपम सौंदर्य का पान करते-करते आगे बढ़ते जाते थे।

मार्ग में बाबा ने जाने कितने लोगों का उद्धार किया और उन्हें जीने की राह दिखाई। जहाँ कहीं थक जाते, वहीं विश्राम कर लेते। किसी घर से भिक्षा माँग लाते। दोनों शिष्यों को कुछ ही दिन की यात्रा में बाबा के अनेक नए रूपों व लीलाओं को जानने-देखने का सौभाग्य प्राप्त हुआ।

ऐसे ही वे एक दिन संपन्न से दिखते कस्बे से निकले तो बाबा ने कहा कि सामनेवाली दुकान से चिलम के लिए तंबाकू माँग लाओ।

शामा ने जाकर तंबाकू माँगा तो वह दुकानदार चिढ़कर बोला, "चलो यहाँ से, पैसा-टका पास नहीं और तंबाकू चाहिए।"

बाबा बोले, "क्यों दुकान में तंबाकू नहीं है?"

"है तो पर क्यों दूँ? दुकान में किसी चीज की कमी नहीं है, पर समझ नहीं आता कि यहाँ ग्राहक क्यों नहीं फटकता? सामनेवाली दुकान में देखो, कितनी भीड़ जमा है।"

बाबा बोले, "तुम भी अपने ग्राहकों से मीठा बोलो। अच्छा व्यवहार करो। वे यहाँ आने शुरू हो जाएँगे।"

"जाओ बाबा! रास्ता नापो। तुम्हारे जैसे ढोंगी साधु बहुत देखे हैं। अपना काम निकालने के लिए कुछ भी कह देते हैं। तुम तो मुफ्त का तंबाकू लेकर चल दोगे। कौन जाने कि तुम्हारा कहा सच होगा भी या नहीं?"

"तो हाथ कंगन को आरसी क्या? हम यहीं चिलम पीते हैं और तुम्हें बता रहे हैं कि अगले पाँच मिनट के भीतर इतने ग्राहक होंगे कि सँभाले नहीं सँभलेंगे; पर यही बात हमेशा ध्यान रखना कि ग्राहक भगवान् के समान होता है। उसका कभी अनादर मत करना। तुम्हारी दुकान दिन दूनी रात चौगुनी तरक्की करेगी।"

दुकानदार से तंबाकू लेकर बाबा ने चिलम सजाई और वे लोग एक कोने में बैठ गए। देखते-ही-देखते पासवाली दुकान पर प्रतीक्षा करते लोग इस दुकान पर आने लगे।

"अरे यार! वहाँ कितनी भीड़ है। तू ही सामान दे दे आज। जल्दी घर जाना है।" एक ग्राहक ने कहा, दुकानदार को बाबा की बात याद थी। उसने ग्राहक की आवभगत की।

"आइए लालाजी! कैसे हैं? बड़े दिन बाद दर्शन दिए। सब कुशल-मंगल। कुछ चायपानी लेंगे।"

ग्राहक तो उसका बरताव देख हैरान रह गया। जो दुकानदार सीधे मुँह किसी से बात नहीं करता था, उसका यह कायापलट किसने कर दिया?

कुछ ही देर में एक और महिला आ गई। उसने डरते-डरते पूछा, "सेठ! चार आने की चीनी दोगे?"

"हाँ माई! जितने की जी चाहे ले लो। तुम्हारी अपनी दुकान है।"

वह महिला तो हैरान रह गई। एक बार उसने कम पैसों का सामान माँगा था तो इसी दुकानदार ने उसे उलटी-सीधी सुनाकर भेजा था। अब इस बदलाव को देखकर उसने तय कर लिया कि इसी दुकान से सारा सामान लिया करेगी।

एक वृद्धा दुकान पर आई। उसने सामान बँधवाया, पर उससे पोटली उठाए नहीं उठ रही थी। कोई और दिन होता तो दुकानदार इस बात की परवाह तक नहीं करता किंतु अब तो जैसे वह एक बदला हुआ इनसान था। वह उससे बोला, "माई! यहीं छोड़ जा। मैं साँझ को आते समय घर छोड़ दूँगा।"

वह बुढ़िया उसे खूब आशीर्वाद देकर गई—"राम भली करे सेठ! तेरा गल्ला भरा रहे। तेरी दुकान खूब चले।"

बाबा सब सुनकर मंद-मंद मुसकरा रहे थे। उनका कहा मिथ्या कैसे जाता। सचमुच, थोड़ी ही देर में दुकान पर पाँव रखने की जगह नहीं बची। जो दुकानदार कुछ देर पहले तक बैठा अपनी किस्मत को कोस रहा था, वही अब सामान तौलने में व्यस्त था। उसे यहाँ-वहाँ देखने का भी समय नहीं था।

बाबा ने भक्तों को संकेत किया और वे सब चुपचाप वहाँ से चल दिए। राह में शामा ने पूछा, "बाबा! हम वहाँ क्यों नहीं रुके?"

"शामा! यदि हम वहाँ रुक जाते तो वह उस चमत्कार से प्रभावित होकर दुकानदार हमारी सेवा करता और उपहार आदि देने का आग्रह करता। हम उससे कुछ लेने नहीं बल्कि उसे उचित प्रकार से जीने का मंत्र देने गए थे। हमें सदा निस्स्वार्थ भाव से दूसरों की सहायता करनी चाहिए।"

उधर ग्राहकों से समय पाते ही दुकानदार ने बाबा के बैठने के स्थान की ओर देखा। फकीर तो जाने कब उठकर चले गए थे। उसने आसपास जाकर खोजा भी, पर कोई नहीं मिला। हाँ, उस दिन से उसका भाग्य अवश्य बदल गया था।

❑

33

गंगा मैया का ऋण

कहते हैं कि इसी यात्रा के क्रम में बाबा अपने भक्तों के साथ हरिद्वार तक आए थे।

हरिद्वार पहुँचकर उन लोगों ने गंगास्नान किया और जब वापसी की राह ली तो उनका काफिला एक छोटे से गाँव से गुजरा। फकीर को देख किसी ने कहा, "बाबा! यहाँ भंडारा हो रहा है। आप यहाँ से छककर ही जाना।"

बाबा अपने भक्तों के साथ वहीं ठहर गए। वे लोग विश्राम कर रहे थे कि कुछ लोगों के चिंतित स्वर सुनाई दिए।

'न रे! इससे तो पूरा नहीं पड़ेगा"

'अरे, पहले बताना चाहिए था।'

'मुझे थोड़े ही पता था'

'क्या नहीं पता था? मेरा तो अपमान हो जाएगा।'

'अब कर भी क्या सकते हैं?'

बाबा ने शामा से कहा—"जाकर पूछो तो कि हुआ क्या है? अवश्य ही कोई गंभीर समस्या है।"

शामा ने आकर बताया कि भंडारा चल रहा है। गरम-गरम पूरियाँ उतर रही हैं, किंतु अचानक पता चला कि गलती से देसी घी कम मँगाया गया। यदि किसी को और घी लाने भेजा गया तो कम-से-कम तीन-चार घंटे का समय लग जाएगा और तब तक तो भंडारा ही खत्म हो जाएगा। अब भंडारा कराने वालों को यही चिंता सता रही है कि भंडारा पूरा कैसे होगा? पूरियाँ कम पड़ेंगी तो पंगत को भूखा ही उठना होगा।

बाबा ने धैर्य से सब सुना और आकाश की ओर देखकर बोले, "अल्लाह

मालिक! वही सबकी सुनता है। शामा, जा तो! भंडारा करानेवालों को बुला ला।''

शामा उन्हें साथ लेकर आया तो बाबा ने देखा कि उस व्यक्ति के चेहरे पर चिंता की गहरी रेखाएँ हैं। वह बोला, ''बाबा! देखो न, गंगा मैया के नाम का भंडारा रखा था और ये कैसा विघ्न आन पड़ा। मुझे तो कोई राह नहीं सूझ रही। लगता है, मेरा भंडारा करवाने का संकल्प पूरा नहीं हो सकेगा। यदि द्वार से अतिथि बिना खाए लौटे तो मुझसे बड़ा अभागा और कौन होगा?''

बाबा ने उसे सांत्वना देते हुए कहा, ''देखो भाई! तुमने भूखों, निर्धनों और जरूरतमंदों को भोजन करवाने के लिए गंगा मैया के भंडारे का संकल्प लिया था। अन्नदान तो महादान है। हमारे शास्त्रों में भी इसकी महिमा का गुणगान किया गया है। हमारे यहाँ अतिथि को भोजन करवाने की परंपरा चली आ रही है। यदि द्वार से कोई भूखा चला जाए तो बहुत बड़ा पाप होता है, किंतु तुम बिलकुल चिंता मत करो। तुमने शुद्ध हृदय से संकल्प लिया था, इसलिए यह अवश्य पूरा होगा। कितने कनस्तर घी कम पड़ रहा है?''

हलवाई को बुलवाया गया। उसने कहा, ''बाबा! जितनी पंगत दिख रही है और अभी जितने लोग खाली पेट भोजन वितरित करने में लगे हैं, उनकी संख्या देखकर अनुमान लगा सकते हैं कि कम-से-कम चार कनस्तर देसी घी और लगेगा। अब कहाँ से लाएँ घी?''

बाबा ने एक बार लहराती गंगा की ओर देखा और बोले, ''गंगा मैया का भंडारा है। वही पूरा भी करेंगी। जाओ, नदी से पाँच कनस्तर पानी भर लाओ। यह गंगाजल ही देसी घी का काम करेगा और इसी में पूरियाँ तली जाएँगी।''

बात इतनी अटपटी थी कि इतनी आसानी से किसी के गले नहीं उतरी, किंतु बाबा के भक्त तो उन्हें भली-भाँति जानते थे।

शामा ने कहा, ''आप लोग बाबा की कही बातों पर अविश्वास न करें। ये अपने मुख से जो कहते हैं, वह कभी मिथ्या नहीं होता। भले ही यह कभी संभव न हुआ हो, परंतु बाबा ने कहा है तो अवश्य होगा। पूरे विश्वास के साथ गंगाजल मँगाकर कड़ाही में भरवा दीजिए।''

उन लोगों को लगा कि आजमाने में क्या हर्ज है। जब फकीर के शिष्य इतने आग्रह से कह रहे हैं तो शायद यह सत्य ही हो।

गंगाजल से घी का काम लिया गया और बिलकुल वैसी ही पूरियाँ तली गईं, जैसे कि देसी घी में तली जा रही थीं। पंगत फिर से जीमने लगी और राह से आते-जाते लोगों को भी पूरे आग्रह से जिमाया जाने लगा।

भंडारा करवाने वाले ने बाबा के चरणों में माथा टेक दिया।

''आपने आज न केवल समाज में मेरा मान बचा लिया बल्कि मेरा संकल्प भी टूटने से बचा लिया। मैं आपका आजीवन ऋणी रहूँगा।''

बाबा हँसकर बोले, ''मैंने कुछ नहीं किया। तुम दूसरों को निस्स्वार्थ भाव से भोजन करवाना चाहते थे, यह चमत्कार उसी का परिणाम है। हाँ, गंगा मैया का ऋण अवश्य पूरा कर देना।''

''उसके लिए मुझे क्या करना होगा, बाबा?''

''पाँच कनस्तर घी मँगाकर गंगा के जल में विसर्जित कर देना'', बाबा बोले। उस व्यक्ति ने हामी भरी और बाबा का काफिला सबसे विदा लेकर आगे चल दिया। जैसे शिरडीवासी अपने प्रिया बाबा को याद कर रहे थे, उसी तरह बाबा को भी अपनी द्वारिकामाई और भक्तों की बहुत याद सता रही थी। इसलिए उन्होंने वापसी की राह ली। उनके शिष्य प्रसन्न थे कि बाबा ने उनके साथ भ्रमण की इच्छा पूरी कर दी थी।

❑

34

बाबा का प्रसाद

कहा गया है कि कलिकाल में अन्नदान ही सर्वश्रेष्ठ है। अन्नदान से ही जीवित प्राणी की तृप्ति होती है। अन्न के अभाव में व्यक्ति की मृत्यु निश्चित है। अन्नदान के विषय में साईं भी बहुत सजग थे। वे कहते थे कि भूखे को भोजन कराना, स्वयं भोजन करने से पूर्व किसी दूसरे को अन्नदान देना पुण्यकर्म है। ऐसा करनेवाला स्वयं ईश्वर का प्रियपात्र हो जाता है।

हमें सदैव अपने घर आनेवाले अतिथियों या द्वार पर भोजन के लिए आए व्यक्ति को भोजन कराना चाहिए। एक गृहस्थ का कर्तव्य बनता है कि वह प्रतिदिन अन्नदान के बाद ही अन्न ग्रहण करे। बाबा के जीवनकाल में ऐसे अनेक प्रसंग सुनने को मिलते हैं, जब उन्होंने किसी पशु-पक्षी को भोजन कराए जाने पर स्वयं के तृप्त होने की सूचना दी तथा भक्त को आश्वासन दिया कि उसके द्वारा किसी जानवर को दिया गया भोजन भी उनकी तृप्ति का कारण बना।

बाबा अल्पाहारी थे। प्रायः भक्तगण स्नेहवश अपने घरों से सुस्वादु भोजन बना लाया करते। बाबा तो भिक्षा माँगकर खाते थे। वे अकसर बचा भोजन वहीं बैठे लोगों के बीच वितरित करवा देते। बाद में धीरे-धीरे भक्तों की संख्या में वृद्धि होने लगी। सन् 1910 तक उनका हाँड़ी कार्यक्रम चला। इसके बाद भक्तों की संख्या और उनके साथ आनेवाले खाद्यान्न की मात्रा इतनी अधिक हो जाती थी कि वही प्रसाद के रूप में उपस्थित जन को खिलाई जाने लगी।

इससे पूर्व बाबा अपने मन से भक्तों के लिए भोजन पकाते थे। वे स्वयं ही सारी व्यवस्था किया करते थे। मसजिद के आँगन में एक भट्ठी बना दी जाती। उनके पास दो हाँड़ियाँ थीं। छोटी हाँड़ी में सौ व्यक्तियों का तथा बड़ी हाँड़ी में पाँच सौ व्यक्तियों का भोजन पकाया जा सकता था। वे स्वयं सारी व्यवस्था

करते। भोजन को स्वादिष्ट बनाने में कोई कोर-कसर नहीं रखते थे। कभी मीठे चावल पकाते तो कभी दाल-मुटकुले, कभी आमटी पकाते तो कभी पुलाव। स्वयं बाजार जाकर शाक-सब्जी, मसाले आदि खरीदकर लाते। मसाले को महीन पीसकर हाँड़ी में मिलाते और बीच-बीच में भोजन की जाँच के लिए कफनी की बाँह ऊपर चढ़ाकर उबलती हाँड़ी में हाथ डाल दिया करते थे।। न तो उन्हें कोई पीड़ा होती थी और न ही उनके हाथ पर जलने के कोई निशान पाए जाते थे। अंतरंग भक्त प्राय: ही यह चमत्कार देखा करते। भोजन तैयार होने के बाद मौलवी फातिहा पढ़ा करता। फिर म्हालसापति व शामा का भोजन निकालकर वे शेष भोजन गरीबों में बँटवा देते।

कभी-कभी बाबा की हाँड़ी में मांस भी पकता था। किसी भी शाकाहारी को विवश नहीं किया जाता था कि वह मांसाहारी प्रसाद ग्रहण करे। वैसे परीक्षा के लिए बाबा ने इस माध्यम का भी प्रयोग किया था। बिरयानी बनाने के लिए एक बार दादा केलकर को बाजार से मांस खरीदकर लाने का आदेश दिया गया। यह आदेश कुछ और नहीं, एक भक्त की परीक्षा ही थी, क्योंकि दादा केलकर कर्मकांडी थे। वे तो मांस को हाथ तक नहीं लगाते थे। बड़ा ही धर्मसंकट था। बाबा की आज्ञा का पालन करें या अपने धर्म का? इस दुविधा में जीत हुई गुरु के प्रति स्नेह की, वे तैयार होकर थैला लेकर चलने लगे तो बाबा ने रोक लिया, ''अरे नहीं, तुम रहने दो। मैं किसी और से मँगवा लूँगा।''

वैसे भी बाबा तो कौतुक कर रहे थे। अपने भक्त के हृदय के स्नेह की थाह ले रहे थे। दादा केलकर ने अपने नौकर को भेजने की बात कही तो बाबा ने उसे भी मना करवा दिया, क्योंकि उन्हें उस दिन उस वस्तु की आवश्यकता थी ही नहीं।

बाद के वर्षों में बाबा जब सारा भोजन भूखों को खिला देते तो उसके बाद अपने अंतरंग भक्तों के साथ जीमने के लिए बैठते। भक्तगण नाना प्रकार के नैवेद्य परोसकर लाते थे। समस्त नैवेद्य एकत्रित कर पहले भगवान् को भोग लगता और फिर बाबा विराजते। उनके आसपास बैठे भक्त बाबा के हाथों इसी तरह भोजन पाते, मानो कोई माँ अपने बालकों को स्नेह से खिला रही हो। प्रत्येक की थाली पर बाबा की नजर रहती। किसने कम खाया। किसे क्या अधिक पसंद है।

एक दिन बाबा ने भोजन करते समय हेमाडपंत के सामने छाछ से भरा कटोरा रखकर कहा, ''इसे पी लो।''

हेमाडपंत उस दिन आवश्यकता से अधिक खा चुके थे, इसलिए छाछ की

ओर देखने की भी इच्छा नहीं हो रही थी, किंतु बाबा की बात का मान रखने के लिए उन्होंने एक घूँट पी लिया। बाबा बोले, ''इसे सारा पी लो। पुनः ऐसा अवसर नहीं पाओगे।''

हेमाडपंत एक पल को चौंके तो सही, किंतु उनकी बात का मर्म नहीं जान पाए। यह बात तो तब समझ आई जब कुछ ही समय बाद स्नेह से परोसनेवाले हाथ नहीं रहे।

❑

35

मेरा स्थायी निवास

बाबा ने जब अपनी लीला समेटने का निर्णय लिया तो वे समय-समय पर अपने भक्तों को उसके संकेत देने लगे। कहते हैं न कि दिव्यात्मा के जाने के बाद ही ज्ञात हो पाता है कि उनकी कही हुई किस बात में क्या निहितार्थ था।

वर्ष 1916 में ही साईं ने अपनी समाधि के लिए स्थान नियत कर लिया था। जब बाबा पहले-पहल शिरडी में आए तो वे नीम वृक्ष के पीछे बने एक गड्ढे में सोया करते थे। उन्होंने मसजिद में रहने के बाद भले ही वहाँ सोना छोड़ दिया, किंतु उन्होंने उसी स्थान को अपने समाधिस्थल के रूप में चुना। आज वहीं पर उनकी समाधि स्थित है।

एक बार शामा अपने साथ बूटी साहेब को लाया और साईं से मिलवाते हुए कहा, "बाबा! ये आपसे भेंट करना चाहते थे। इनकी एक विनती सुन लें।"

बूटी साहेब बोले, "बाबा, मैं द्वारिकामाई तथा गुरुस्थान के बीच की भूमि खरीदना चाहता हूँ। मैं चाहता हूँ कि वहाँ एक विशाल भवन बनवाकर उसी में सपरिवार रहूँ। इस तरह मुझे आपके दिव्य सत्संग का लाभ मिलता रहेगा।"

बाबा ने सहमति दे दी, किंतु उसी रात शामा और बूटी साहेब ने सपने में देखा कि बाबा भी उस भवन को बनवाने के लिए उत्सुक हैं। उन्होंने बाबा से पूछा कि भवन कैसा होना चाहिए तो उन्होंने उत्तर दिया—"वहाँ एक बड़ा सा कक्ष होना चाहिए। प्रकाश व वायु के आने का पूरा प्रबंध होना चाहिए।"

बूटी साहेब उस चबूतरे पर मुरलीधर की स्थापना करना चाहते थे। बाबा अचानक बोले, "जब मंदिर पूर्ण हो जाएगा तो मैं भी वहीं रहना पसंद करूँगा।"

यह सुनकर वे दोनों विस्मित हो गए। भला बाबा अपने निवास को छोड़कर मंदिर में रहने की बात क्यों कर रहे थे?

शामा से रहा न गया, वह पूछ बैठा, ''बाबा! यह कैसी लीला है। आप वहाँ क्यों रहेंगे?''

बाबा ने हँसकर कहा, ''वह मेरा स्थायी निवास होगा।''

सन् 1918 में बाबा ने अपना संकल्प पूरा किया और वे वहीं समाधि रूप में आ गए।

दरअसल, बाबा जानते थे कि उनके जाने के बाद ही वृहत्तर जगत् उनकी महिमा को जानेगा और मान देगा। लगभग साठ वर्ष तक मानवता की सेवा में निरत रहने के बाद बाबा ने इस भौतिक जगत् से जाने का विचार किया। वे चाहते थे कि आयु के साथ-साथ जर्जर हो चुके शरीर को त्याग दें और समय व स्थान से परे जाकर अपने भक्तों के कल्याण में लगे रहें।

❑

36

दिव्य गमन के कुछ संकेत

बाबा ने अपने जाने से पहले कुछ और संकेत भी दिए थे, जो भक्तों ने बाद में अपने अनुभवों के रूप में दूसरों के साथ बाँटे। उन्होंने अपने जाने के दो वर्ष पूर्व प्रयाण के दिन का संकेत दिया था।

उस दिन विजयदशमी का त्योहार था। संध्या समय लोग सीमोल्लघंन से लौट रहे थे। उन्होंने बाबा को मसजिद में क्रोधित अवस्था में देखा। बाबा बहुत ही रोष में थे। उन्होंने सिर का वस्त्र, कफनी और लँगोटी उतारकर जलती धूनी में फेंक दिए और पूर्ण दिगंबर खड़े होकर जोर-जोर से बोलने लगे—"आओ! जरा देखकर निश्चित कर लो कि मैं कौन हूँ। पता लगा लो कि मैं हिंदू हूँ या मुसलमान?"

उनका यह आवेश देखकर सभी भक्त भय के मारे काँप रहे थे। शामा पास न था। तब भागोजी शिंदे साहस बटोरकर पास गए और बाबा को लँगोटी बाँधते हुए बोले, "ये क्या देव! आज विजयदशमी के दिन आपका ऐसा व्यवहार?"

बाबा आवेश में सटका जमीन पर मारकर बोले, "यह मेरा सीमोल्लंघन है।"

चावड़ी जुलूस निकालने के लिए देरी होती जा रही थी और बाबा का मिजाज देखकर तो यही संदेह हो रहा था कि जुलूस नहीं निकल पाएगा, किंतु कुछ घंटे बाद बाबा सहज हो गए और उस दिन के अन्य कार्यक्रम निर्विघ्न संपन्न हो सके।

उस घटना के माध्यम से बाबा ने सबको संकेत दे दिया था कि वे अपनी जीवनरेखा को पार करने के लिए दशहरे के दिन को ही चुनेंगे, किंतु उस समय कोई भी यह मर्म नहीं जान सका।

थोड़े समय बाद रामचंद्र पाटील बहुत बीमार पड़े। रोग का निदान न हो पाने के कारण वे भारी कष्ट भोग रहे थे। किसी भी चिकित्सा से लाभ न होने पर वे मृत्यु की प्रतीक्षा करने लगे। एक रात स्वप्न में बाबा ने दर्शन दिए। पाटील उनके चरणों

पर गिरकर बोले, ''बाबा! जीवन के अंतिम समय में आपसे प्रार्थना करता हूँ। कृपया बताएँ कि मुझे इस दारुण पीड़ा से मुक्ति कब मिलेगी। अब यह कष्ट सहा नहीं जाता।''

बाबा ने उसे प्यार से दुलारते हुए कहा, ''पाटील! तुम्हें कुछ नहीं होगा। तुम्हारी मृत्यु की घड़ी टल गई है। तुम भले-चंगे हो जाओगे। मुझे अब केवल अपने तात्या का भय है, वर्ष 1918 में विजयदशमी के दिन उसकी मृत्यु का योग है। यह भेद कभी उस पर प्रकट मत करना, अन्यथा वह भयभीत हो जाएगा।''

पाटील की नींद खुली तो पूरा सपना अच्छी तरह याद था। कुछ ही दिन में वे स्वस्थ भी हो गए किंतु बाबा के कहे वे शब्द कभी नहीं भूले। वे तात्या को इस बारे में बता भी नहीं सकते थे, क्योंकि बाबा की मनाही थी। जब मन की व्यथा सँभाले न सँभली तो उन्होंने बाला शिंपी से यह बात कह दी। केवल वही दो व्यक्ति इस विषय में जानते थे और दोनों ने ही अपने गुरु के आदेशानुसार मौन साध रखा था।

बाबा के निर्वाण से कुछ समय पहले की बात है। वे एक ईंट को सदैव अपने पास गुरु की निशानी के रूप में साथ रखते थे। वही ईंट कभी उनका तकिया बनती तो कभी आसन! कहना न होगा कि वह उनके जीवन की साथी थी। बाबा उसे बहुत सँभालकर रखते थे।

एक दिन माधव फासले नामक बालक मसजिद में झाड़ू लगा रहा था। सभी की तरह उसे भी पता था कि बाबा को वह ईंट कितनी प्रिय है, इसलिए उसने बुहारी देते समय उस ईंट को वहाँ से उठाना चाहा, ताकि उस पर धूल न आए। दुर्भाग्यवश वह ईंट उसके हाथ से छूटी और जमीन पर गिरकर दो टुकड़े हो गई।

बाबा को पता चला तो शोकग्रस्त हो उठे, फिर बोले, ''हाय! मेरे तो कर्म ही फूट गए। मेरे जीवन की संगिनी चल दी। अब मैं भी जीवित नहीं रहूँगा। यह शरीर विजयदशमी के दिन सीमोल्लंघन करेगा। यह तो गुरुजी की निशानी थी, जिसकी मदद से मैं ध्यान और मनन करता था...अब मुझे भी जाना होगा।''

शामा तो वहीं रोने लगा, ''साईं! यदि आप ऐसी बातें करेंगे तो हम बालकों को कौन सँभालेगा। भला आपको कौन हानि पहुँचा सकता है?''

''शामा! इस संसार में कुछ भी हमेशा के लिए रहनेवाला नहीं है। सबको एक दिन यह चोला त्यागना ही होता है। मुझे भी जाना होगा।''

''बाबा! हमसे क्या भूल हो गई?''

''भूल तो नहीं हुई किंतु मैं जो देने आया था, वह तो किसी ने माँगा ही नहीं। सभी धन, संपदा, संतान और भौतिक सुखों के मोह में लिप्त रहे। मेरे बहुत कम

भक्त ऐसे हैं, जिन्होंने जीवन की सच्ची संपदा का वरदान पाया है।''

उस दिन तो बाबा चुप ही रहे किंतु यह सत्य ही तो था। दिन-प्रतिदिन के जीवन व गृहस्थी से जुड़ी समस्याओं में बँध मनुष्य अपनी मुक्ति के बारे विचार तक नहीं कर पाता। लौकिक मोह उसे अपने अंतिम आश्रय के बारे में सोचने तक नहीं देता। बाबा को पूर्वाभास था किंतु सामान्य भक्तजन इस बात को भी भुला बैठे।

❑

37

अंतिम क्षण

बाबा के कहे अनुसार तात्या बुरी तरह से बीमार पड़ गया। उसका बुखार उतरने का नाम ही नहीं लेता था। उसकी हालत दिन-ब-दिन गंभीर होती गई। वह इतना दुर्बल हो गया कि बाबा के दर्शन करने भी नहीं जा पाता था।

विजयदशमी का दिन निकट आ रहा था। जिन लोगों को तात्या के बारे में वह जानकारी थी, वे उसकी आसन्न मृत्यु को देख भयभीत हो रहे थे। बाबा का कहा मिथ्या कैसे हो सकता था। निश्चित रूप से तात्या इस संसार से जाने वाला था, परंतु बाबा ने उसकी मृत्यु अपने ऊपर ले ली। उन्होंने बायजा को वचन दिया था कि वे तात्या का ध्यान रखेंगे। बाबा ने अपने वचन का मान रखा। विजयदशमी के दिन तात्या की नब्ज निरंतर गिरने लगी, किंतु उसी समय एक विचित्र घटना घटी। उसकी प्राणरक्षा हो गई पर बाबा चल बसे।

बाबा भी विजयदशमी से कुछ दिन पहले से ही बीमार चल रहे थे। उन्हें बुखार हो गया था। उन्होंने सुबह के समय टहलना भी छोड़ दिया था। एक दिन उन्होंने तात्या को बुलवाया। तात्या रोग से जर्जर शरीर के साथ दर्शन करने आया तो बाबा बोले, ''आज मेरे साथ भोजन करना।''

तात्या में इतनी ताकत नहीं थी कि वह कुछ खा पाता, परंतु बाबा अपने हाथों में खीर का पात्र लिये बैठे थे। खाने में कठिनाई होने पर भी तात्या ने उसे खाया। तात्या की दशा देख बाबा द्रवित हो उठे। उसके माथे पर भभूत मलकर बोले, ''तात्या! पहले तो मैंने दो हिंडोले तैयार करवाए थे, पर अब सोचता हूँ कि तुझे साथ न ले जाऊँ। मैं अकेला ही जाऊँगा। तुझे अभी यहीं रहना होगा।''

तात्या कहाँ समझ सका कि वे क्या कहना चाह रहे थे।

तात्या को भभूत देकर घर भेज दिया गया।

बाबा ने श्री वागे नामक श्रद्धालु को यह कार्य सौंपा कि वे रामविजय प्रकरण का पाठ करें। वे उनके कहे अनुसार नित्यप्रति पाठ करने लगे। कुछ दिन बाद बाबा ने उन्हें बिना रुके पाठ करने को कहा।

तीन दिन में पाठ पूरा हो गया तो बाबा ने कहा, ''वागे! जाओ, अब तुम घर जाकर विश्राम करो।''

इसके बाद बाबा अधिकांश समय मौन रहने लगे। विजयदशमी का दिन करीब आ रहा था। वे दुर्बल होते जा रहे थे। सारे संसार के कष्टों को अपने ऊपर लेनेवाले बाबा स्वयं कष्ट में थे, परंतु वह भभूत उनके अपने लिए नहीं थी। परदु:खकातर बाबा ने कभी अपने बारे में सोचा ही कब था?

अब वे भिक्षा लेने भी नहीं जा सकते थे। एक दिन मसजिद में उन्होंने एक भक्त महिला को कहा, ''माई! अब मैं द्वारिकामाई और चावड़ी को त्यागकर वाड़े में ही रहूँगा।''

विजयदशमी के दिन तात्या की गिरती हालत सँभली, परंतु बाबा…

उस दिन सुबह की आरती के बाद बाबा ने सबको अपने-अपने घर जाने को कहा। केवल कुछ अंतरंग भक्त ही पास थे। बाबा ने द्वार की ओर देखा तो सामने से लक्ष्मी आती दिखी। वह भोजन का थाल रखकर बोली, ''बाबा! आज सुबह से आपके दर्शन को मन तरस रहा था, इसलिए बिना पूछे चली आई।''

बाबा उसके सिर पर स्नेह से हाथ रखकर बोले, ''अच्छा हुआ, तुम आ गईं। तुम्हें देखे बिना मेरी आत्मा शरीर का त्याग न कर पाती। देखो, तुम्हारे लिए कुछ उपहार है।''

बाबा ने काँपते हाथों से लक्ष्मी की हथेली पर चाँदी के नौ सिक्के रख दिए। वे सिक्के नवधा भक्ति के प्रतीक थे। बाबा ने यह भी कहा कि वह उन सिक्कों को सँभालकर रखे।

आसपास खड़े भक्त व्याकुल हो रहे थे। साईं की दशा कुछ ठीक नहीं लग रही थी। साईं बोले, ''मुझे बूटीवाड़ा ले चलो। वहीं चिरविश्राम करूँगा।''

यह कहकर वे अचानक भागोजी के शरीर पर झुक गए। नाना साहेब भागकर आगे आए और बाबा के मुख में पानी डालने का असफल प्रयास किया, किंतु पानी बाहर आ गया। बाबा तो अपने दिव्य धाम को लौट चुके थे। सभी बिलख-बिलखकर रोने लगे। ऐसा लगा मानो उनकी ममतामयी माँ ही हमेशा के लिए उनसे बिछुड़ गई हो।

शिरडी का साईं शिरडी को छोड़कर जा चुका था। बाबा के महाप्रयाण की

सूचना पाते ही चारों दिशाओं से भक्तों का समूह उमड़ पड़ा। सभी यही सोच-सोचकर बिलख रहे थे कि अब कभी द्वारिकामाई में विराजे बाबा के दर्शन नहीं कर पाएँगे।

ऐसा लगता था कि उस दिन भक्तों के बहते आँसुओं की धारा से शिरडी ही जलप्लावित हो जाएगी। भक्तों के लिए तो इस बात पर विश्वास कर पाना ही कठिन हो रहा था कि बाबा ने यह चोला त्याग दिया। कई भक्त तो इस बात से विस्मित थे कि सबको अपनी भभूत से आरोग्य प्रदान करनेवाले साईं ने स्वयं उस महाचमत्कारी भभूत का सेवन क्यों न किया?

जितने लोग, उतनी ही बातें! म्हालसापति के लिए यह समाचार पूरी तरह से अप्रत्याशित था। इससे पहले 1886 में बाबा ने एक बार समाधि ली थी और उससे कहा था, ''मैं समाधि लगा रहा हूँ। तुम तीन दिन तक मेरे शरीर की रक्षा करना। यदि मैं लौट आया तो ठीक, और नहीं लौटा तो उक्त स्थान पर मेरी समाधि बना कर दो ध्वजाएँ फहरा देना।''

तब तो बाबा लौट आए थे। म्हालसापति ने उनके शब्दों का अक्षरशः पालन किया। ग्रामवासियों ने तो यही सोचा था कि साईं चल बसे, पर वे उनके शरीर को गोद में लिये तीन दिन तक बैठे रहे और सबको आश्वस्त किया कि साईं कहीं नहीं गए। वे लौट आएँगे। तीन दिन के बाद साईं के शरीर में फिर से हलचल दिखी और उनकी श्वास चलने लगी। वे धरती पर लौट आए थे।

आज म्हालसापति को ऐसा ही लग रहा था कि यह भी उसी प्रकार की समाधि है। बाबा देर-सवेर उठ बैठेंगे। वे कहीं नहीं गए। वे भक्तों के बीच ही हैं।

❑

38

बूटीवाड़े में निवास

बाबा के शरीर के क्रियाकर्म की चर्चा होने लगी। यह संसार ऐसा ही निर्मोही है। जिस प्रियपात्र को आजीवन गले से लगाकर रखता है। उसके प्राणपखेरू उड़ते ही काया को नष्ट करने के लिए तत्पर हो उठता है। फिर वह उस शरीर को कुछ दिन के लिए भी अपने पास नहीं रख पाता।

बाबा के भक्तों के बीच यही चर्चा होने लगी कि उनका अंतिम संस्कार कैसे संपन्न हो। उनके भक्तों में तो हिंदू व मुसलमान दोनों ही शामिल थे, अतः दोनों अपने-अपने तरीकों से बाबा का संस्कार करना चाह रहे थे। यवन शरीर को दफनाकर मकबरा बनवाना चाहते थे तो दूसरे पक्ष का यह कहना था कि बाबा को बूटी वाड़ा में प्रतिष्ठित किया जाए, क्योंकि उनकी अंतिम इच्छा यही थी। खुशालचंद और अमीरशक्कर मकबरे के पक्ष में थे किंतु रामचंद्र पाटील ने कड़े शब्दों में कहा, "बाबा के शरीर को वाड़े में ही रखा जाएगा, क्योंकि हम उनकी अंतिम इच्छा का निरादर नहीं कर सकते।"

इस प्रकार उन लोगों में मतभेद हो गया, जो लगभग छत्तीस घंटों तक चलता रहा।

बुधवार प्रातः साईं ने लक्ष्मण को सपने में कहा, 'चलो उठो! बापूसाहेब ने तो मुझे मृत मान लिया है। वह तो पहले की भाँति मेरा पूजन और आरती करने से रहा। तुम ही चलो। पूजन व काकड़ आरती की तैयारी करो।'

लक्ष्मण ने जाकर बाबा के शव से वस्त्र हटाया तो बस उनके पूजन के सिवा कुछ भी याद नहीं रहा। उन्होंने मौलवी के विरोध की भी परवाह नहीं की और काकड़ आरती की। दोपहर को बापू साहेब ने दोपहर की आरती की।

कोपरगाँव के मामलादार वहाँ आए तो बोले, "साईं जैसी महान् विभूति के

नाम पर आपस में विवाद करना उचित नहीं। इस तरह झगड़कर तो आप लोग उनकी ही शिक्षाओं का अपमान कर रहे हैं। उन्होंने तो आजीवन परस्पर प्रेम व भाईचारे की ही शिक्षा दी है।''

उन्होंने तय किया कि दोनों पक्षों के हस्ताक्षरों द्वारा मतदान करवाएँगे कि कितने लोग किस पक्ष में हैं। मतदान के बाद साफ हो गया कि अधिकतर भक्त बाबा को बूटी वाड़े में ही ले जाने के इच्छुक थे। बूटी वाड़े में मध्य भाग को खोदकर तहखाना बनाया गया। बाबा के पवित्र शरीर की समाधि वहीं बनी। जहाँ मुरलीधर की मूर्ति स्थापित होनी थी, वहाँ बाबा की प्रतिमा प्रतिष्ठित कर दी गई। बाबा के अनन्य भक्त श्री उपासनी के हाथों उनकी अंतिम क्रिया संपन्न हुई।

बाबा की नश्वर देह भले ही हम संसारियों को न दिखती हो, परंतु वे अपने कहे अनुसार आज भी जीवित हैं। आर्तजन की पुकार सुनकर वे किसी भी रूप में उसकी सहायता करने आते हैं। उन्होंने स्वयं कहा था कि मेरे जाने के बाद मेरी समाधि बोलेगी। साईं कहीं नहीं गए। आज भी वे अपने भक्तों को उनकी श्रद्धा व भाव के अनुरूप दर्शन देते हैं। कभी किसी के मंदिर में अपने चित्र की छवि अंकित करते हैं तो कभी बादलों में अपनी छवि दिखाकर अपनी उपस्थिति का अनुभव कराते हैं। कभी अपने चमत्कारों व अलौकिक शक्तियों का परिचय देकर भक्तों को आश्वस्त कर देते हैं कि वे आजीवन उनके सुख-दुःख में साथ निभाएँगे, क्योंकि उन्होंने ही कहा था कि जो स्वयं को मुझे सौंप देता है, मैं उसके जीवन के सुख-दुःख का भार अपने ऊपर ले लेता हूँ। उन्हीं के शब्दों में इस अध्याय को विराम देते हैं।

''सबका मालिक एक!''

❑

रहम नजर करो अब मोरे साईं...

पहला चमत्कार

कुछ लोगों का कहना है कि साईं अल्पायु से ही गुरु वैंकुशा के आश्रम में रहते थे। गुरुजी का अपने इस शिष्य से अनन्य स्नेह था। वे अपने शिष्य की चमत्कारी दिव्य शक्तियों से परिचित थे। उन्हें साईं विशेष रूप से प्रिय थे। प्राय: दोनों का समय एक साथ ही बीतता। साईं भी गुरु के प्रति असीम श्रद्धा व निष्ठा भाव रखते थे; अपने गुरु को गोविंद से भी अधिक माननेवाले शिष्य का जीवन तर जाता है।

आश्रम के अन्य शिष्यों से भी गुरु-शिष्य का यह अटूट नाता छिपा न था। वे भले ही गुरु की सेवा में दिन-रात एक न करें, किंतु साईं से ईर्ष्या तो कर ही सकते थे और वे यह कार्य भली-भाँति करते भी थे। वे किसी-न-किसी तरह साईं को सताने की योजना बनाते, किंतु साईं स्वभाव से ही शांत व निश्चल थे। वे कभी कुछ न कहते।

एक दिन साईं गुरु के आश्रम के लिए लकड़ियाँ लेने वन में गए तो दूसरे शिष्यों ने एकांत का लाभ उठाया और एक ईर्ष्यालु शिष्य ने खीझ में साईं के माथे पर ईंट दे मारी। वे घायल होकर बेसुध हो गए। शाम तक साईं नहीं लौटे तो गुरु दूसरे शिष्यों के साथ उन्हें खोजते हुए वन में आए। वहाँ बेसुध पड़े साईं को देखा और उठाकर आश्रम में ले आए।

गुरुजी ने साईं की मरहमपट्टी की और होश में लाने के सभी प्रयास किए। साईं की आँखें खुलीं तो गुरु ने पूछा, "बेटे, कैसे हो? अधिक चोट तो नहीं आई?"

उस किशोर ने कुछ नहीं कहा। यद्यपि गुरुजी भी जान तो गए थे कि उनके

प्रिय शिष्य को उनके ही आश्रम के अन्य युवकों ने घायल किया है, किंतु जब वही किसी का नाम नहीं लेना चाहता था, तो वे कर भी क्या सकते थे। उन्होंने शिष्य की प्राणरक्षा के लिए ईश्वर को धन्यवाद दिया और वहाँ से उठकर धीमे कदमों से कुटिया में लौट गए।

अगले ही दिन एक विचित्र घटना घटी। साईं पर ईंट फेंकनेवाले लड़के की अचानक मृत्यु हो गई। चारों तरफ कोहराम मच गया। साईं को पता चला तो वे उसके पास गए और उसके पास बैठकर मन-ही-मन कुछ बुदबुदाते रहे, फिर बड़े ही स्नेह से उसे स्पर्श किया। उनका दैवीय स्पर्श पाते ही वह बालक उठ बैठा। सभी यह चमत्कार देखकर दंग रह गए।

सहपाठी ने साईं को सामने पाया तो आँखों से झर-झर आँसू बहने लगे। वह अपने किए पर लज्जित था। साईं ने एक भी शब्द नहीं कहा था किंतु उसे अपनी भूल का एहसास हो गया था। साईं ने उसे गले से लगा लिया। अन्य सहपाठियों ने भी क्षमायाचना की और आश्रम के स्नेहपूर्ण वातावरण में सभी हिल-मिलकर रहने लगे।

गुरुजी प्रसन्न थे कि साईं ने अपने एक चमत्कार से सबका हृदय-परिवर्तन कर दिया था। इस घटना के बाद साईं ने जीवन में अनेक चमत्कार दिखाए और मानवजाति को जीने की एक नई राह दी।

मेरे भक्त हैं अनेक किंतु शिष्य है एक

सभी जानते हैं कि बाबा ने उक्त वचन अपने प्रिय शिष्य शामा के लिए कहे हैं। वे बाबा के अंतरंग भक्त थे।

वे शिरडी की एक पाठशाला में अध्यापक थे। उनकी पाठशाला की एक खिड़की बाबा की मसजिद की ओर ही खुलती थी। वे प्रायः वहाँ से बाबा को देखा करते, किंतु कभी बात करने का साहस नहीं हुआ। उन्होंने स्वयं स्वीकार किया कि वे भी प्रारंभ में बाबा को दूसरे लोगों की तरह एक पागल फकीर ही समझते थे और बहुत अधिक सम्मान की दृष्टि से नहीं देखते थे। एक बार पूना से चिदंबर केशव गाडगिल आए व उनसे पूछा, "क्या यहाँ शिरडी में बहुत बड़े साधु-महात्मा रहते हैं?"

शामा ने कहा—"नहीं।"

फिर शामा ने मसजिद की ओर संकेत कर कहा, "हाँ, कुछ दिन से वहाँ एक पागल फकीर अवश्य रहने लगा है।"

गाडगिल मसजिद में गए तो बाबा ने उन्हें दुत्कारा, "मैं तो मुसलमान हूँ, मुझसे क्या लेने आए हो। बड़े साधु की खोज है तो भीमशंकर के पास बैठे साधु की शरण में जाओ।"

गाडगिल हैरान रह गए। बाबा ने उनके मन की बात कैसे जान ली थी। उनके मन में बाबा के प्रति गहन आस्था व श्रद्धा उत्पन्न हो गई, क्योंकि भीमशंकर के साधु ने ही उन्हें शिरडी के बाबा के पास भेजा था।

पाठशाला से स्थानांतरित होने पर शामा ने वहाँ से त्यागपत्र दे दिया, क्योंकि तब तक उसकी बाबा से नेह की डोर बँध गई थी। वे कहीं नहीं गए। बाबा के साथ भेंट होती रहती थी। कुछ ही समय में बाबा की अनोखी लीलाओं के साक्षी शामा को विश्वास हो गया कि वे ईश्वर का ही एक रूप हैं।

शामा उन दिनों रात को स्कूल के ही एक कक्ष में सोते थे। वे रात को प्रायः बाबा के मुख से विभिन्न भाषाएँ सुनते, जबकि दिन में तो बाबा कभी अलग-अलग भाषाएँ नहीं बोलते थे।

इस प्रकार शामा ने बाबा के सर्वज्ञ, सर्वव्यापक और सर्वशक्तिमान रूप को देखा व जाना और उनके अनन्य भक्त बन गए। बाबा के दिव्य व्यक्तित्व के मोह में बँधे शामा को जीवन में और किसी आश्रय की आवश्यकता ही नहीं रही। वे साईं के लाडले शामा बन गए थे।

शिवम्माताई ने कहा

बाबा के भक्तों में श्रीमती शिवम्माताई का नाम भी आता है। उन्होंने 1906 में बाबा से दीक्षा ग्रहण की और उनके जीवनकाल में निरंतर उनके संपर्क में रहीं। जब बाबा ने समाधि ले ली तो वे बंगलोर के निकट एक स्थान पर साईं बाबा के आश्रम का संचालन करने लगीं।

उनका जन्म 17 मई, 1891 को हुआ था। किसान परिवार की शिवम्माताई ने अपने गाँव में जब साईं बाबा का स्वागत किया तो उसी दिन से वे उनकी अनन्या भक्त बन गईं। उन्होंने बाबा से गायत्री मंत्र की दीक्षा पाई थी। वे बताती थीं कि जब वह मंत्र का कागज घर में ही कहीं रखकर भूल गईं तो बाबा ने ही स्वप्न में दर्शन देकर बताया था कि वह चावल के डिब्बे में मंत्रलिखित कागज रखकर भूल गई है।

शिवम्माताई ने बाबा के अनेक चमत्कार अपनी आँखों से देखे थे। उनके

द्वारा बताया गया एक प्रसंग तो सचमुच रोंगटे खड़े कर देता है और साथ ही, बाबा की अलौकिक शक्तियों के आगे सिर झुकाने को विवश कर देता है।

सन् 1915 में वे बाबा से भेंट करने शिरडी गईं और मसजिद के निकट ही ठहरीं। एक रात जब वे घर से निकलीं तो द्वारिकामाई के पास किसी मनुष्य की कटी टाँग पड़ी देखी। थोड़ा आगे बढ़ीं तो दूसरे कटे अंग भी दिखाई दिए। उन्हें यही लगा कि वे बाबा के शरीर के अंग हैं। मन में विचार आया कि हो-न-हो किसी ने बाबा की हत्या करके उनके शरीर के अंग काटकर फेंक दिए हैं। वे भयभीत होकर अपने कमरे में लौटीं और फूट-फूट कर रोने लगीं। रात भर रोने के बाद सुबह थोड़ा साहस बटोरा और कमरे की खिड़की खोली, जो बाबा की मसजिद की ओर ही खुलती थी। दूर से देखा तो बाबा वहीं बैठे चिलम पीते दिखाई दिए।

शिवम्मा भागी-भागी बाबा के पास पहुँचीं और उनके कुछ कहने से पूर्व ही बाबा बोले, "हाँ बेटी! रात जो तुमने देखा, वह सत्य ही था। तुमने मेरे ही शरीर के अंग यहाँ-वहाँ पड़े देखे थे, किंतु मेरी किसी ने हत्या नहीं की। मैं तो खंड योग कर रहा था। इस प्रक्रिया में अंगों को शरीर से अलग कर देते हैं और आत्मा अलग हो जाती है। तुम रोते हुए मेरे पास से निकलीं तो मैं चाहकर भी तुम्हें सांत्वना नहीं दे सका, क्योंकि मैं बोल नहीं सकता था।"

शिवम्मा के लिए यह सब एक नई दुनिया से साक्षात्कार था। उन्होंने बाबा से कुछ और नहीं पूछा। बस मुसकराकर उनके आगे माथा नवा दिया।

शामा के अतिरिक्त शिवम्मा ने भी इस बात की पुष्टि की है कि बाबा विभिन्न अवसरों पर अलग-अलग भाषाएँ बोलते थे। प्रत्यक्षदर्शियों के अनुसार बाबा को चौदह-पंद्रह भाषाओं में बोलते सुना गया था। बाबा ने ही शिवम्मा को यह नाम दिया। इससे पूर्व उनका कोई और नाम था। बाबा की महासमाधि के बाद भी शिवम्मा उनके कहे अनुसार चलती रहीं। बाबा ने ही तो उन्हें बंगलोर में साईं आश्रम का भार सौंपा था।

सर्वव्यापी साईं

बाबा की द्वारिकामाई में दिन-रात धूनी जलती थी। वे धूनी के पास बैठे भक्तों से विभिन्न विषयों पर चर्चा किया करते। बीच-बीच में धूनी में लकड़ियाँ भी डालते रहते।

एक दिन बड़े ही सहज वातावरण में वार्त्तालाप चल रहा था और धूनी की तेज लपटों के बीच बाबा का दिव्य चेहरा और भी रूहानी हो गया था। अचानक बैठे-बैठे जाने क्या सूझी कि बाबा ने धूनी में लकड़ी डालने की बजाय अपना हाथ ही डाल दिया। जब तक भक्त 'हैं-हैं, ये क्या···करते-करते' उनका हाथ धूनी की आग से बाहर निकालते, तब तक तो हाथ काफी जल चुका था। एक भक्त ने हाथ थामते हुए पूछा, "बाबा! ये क्या था? आपने ऐसा क्यों किया?"

"मुझसे एक नन्हे शिशु की पीड़ा देखी न गई। इसके सिवा कोई उपाय नहीं बचा था कि मैं खुद अपना हाथ आग में झोंककर उस बालक की प्राणरक्षा करूँ।"

भक्तों के चेहरे पर कौतूहल देख वे बोले, "यहाँ से थोड़ी ही दूरी पर एक महिला घर के बाहर आग के पास बैठी कुछ काम कर रही थी। बच्चा भी उसे पकड़कर वहीं खड़ा था। अचानक पति के आवाज देने पर वह भीतर जाने के लिए झटके से उठी और बच्चा आग में गिर गया। उसे बचाने के लिए ही मुझे अपना हाथ आग में झोंकना पड़ा।"

बाबा ने सबको सांत्वना दी कि वे शीघ्र ही ठीक हो जाएँगे। अगले दिन भक्तों को वास्तव में पता चला कि शिरडी के बाहर गाँव में वही घटना घटी थी, जो बाबा ने उन्हें उसी समय बता दी थी।

रात को डॉक्टर के आने में भी देर नहीं लगी, परंतु बाबा ने अपना इलाज करवाने से इनकार कर दिया। यहाँ तक कि डॉक्टर भी उनसे बारंबार विनती करता रहा, पर वे नहीं माने। वहीं भागोजी शिंदे भी खड़े थे। बाबा के ये भक्त कुष्ठ रोगी थे। बाबा ने उनकी ओर संकेत कर कहा, "मुझे कोई इलाज नहीं करवाना। शिंदे ही मेरे हाथ पर रोज घी मलकर पत्ता बाँध दिया करेगा, जिससे जले का घाव ठीक हो जाएगा।"

यद्यपि दूसरे भक्त इस बात से मन-ही-मन राजी नहीं हुए। वे नहीं चाहते थे कि बाबा एक कुष्ठ रोगी को अपने शरीर का स्पर्श करने दें, किंतु बाबा के तो हर काम में कोई-न-कोई अर्थ छिपा होता था। दरअसल, वे भागोजी से सेवा इसलिए करवाना चाहते थे, ताकि उनके शरीर से वह रोग कट जाए अन्यथा बाबा को इलाज की आवश्यकता ही नहीं थी। यदि वे चाहते तो स्वयं को पल भर में ही स्वस्थ कर सकते थे।

शिंदे अपने पिछले जन्मों के कुकर्मों के फलस्वरूप ही कुष्ठ रोग की पीड़ा

भुगत रहे थे। भले ही देखनेवालों को वे दुर्भागी लगें, किंतु बाबा की सेवा का अवसर पाकर उनकी गिनती भी सौभाग्यशालियों में होने लगी। कहना न होगा कि शिंदे को उस सेवा से शीघ्र ही स्वास्थ्य लाभ हुआ।

चीनी वाली चाय

दासगणु बाबा के आदेश से कीर्तन में व्यस्त रहने लगे। वे स्थान-स्थान पर जाकर साईं कीर्तन करते और भक्त भाव-विभोर हो उठते। एक बार बंबई में कीर्तन के दौरान चोल्कर नामक निर्धन व्यक्ति ने भी साईं कथा व महिमा का श्रवण किया और जाते समय तसवीर के आगे मस्तक नवाकर बोला—"बाबा! यदि आपकी कृपा से इस प्रवेश परीक्षा में सफलता के साथ-साथ नौकरी भी मिल गई तो आपके दर्शन करने शिरडी अवश्य आऊँगा और वहाँ उपस्थित सभी जन को मिठाई का प्रसाद खिलाऊँगा।"

चोल्कर की विनती सुनी गई और उसे नौकरी मिल गई। चोल्कर अपनी मनौती पूरी करना चाहता था, किंतु वेतन इतना कम था कि परिवार की देखरेख करने के बाद शिरडी जाने के लिए धन नहीं बच पाता था।

शिरडी जाने की लगन भी पक्की थी, इसलिए उसने बिना चीनी की चाय पीना आरंभ कर दिया। इस तरह उसने अपने मुख के स्वाद में कटौती करके पैसे बचाए और कई महीने में इतनी बचत कर ली कि वह शिरडी जाकर साईं के दर्शन कर सके।

उसने शिरडी जाकर मिठाई ली। भक्तों में मिठाई बाँटी और साईं के दर्शन कर आशीर्वाद पाया। उसकी आत्मा तृप्त हो गई। उसने जाने की अनुमति चाही तो बाबा अपने एक भक्त से बोले, "चोल्कर को पहले जी भरकर चाय पिलाओ। हाँ, उसमें चीनी अवश्य डलवाना।"

मीठी चाय बनवाने का आदेश पानेवाला भक्त भले ही असमंजस में था, किंतु चोल्कर के नेत्रों से अश्रु झर रहे थे। क्योंकि बाबा ने बिना कुछ कहे, बिना कुछ सुने, उसके बारे में सब जान लिया था।

बाबा की आँखों में प्यार का सागर लहरा रहा था। वे कैसे भूल जाते कि उनका भक्त अपनी मनौती पूरी करने के लिए कितनी कठिनाई से यहाँ आया है, उसने कितने संयम और दृढ़ संकल्प से अपना वचन निभाया है।

प्राकृतिक विपदा पर नियंत्रण

एक बार बाबा के भक्त धूनी के पास बैठे थे। बाबा अपनी ही धुन में थे। बातें करते-करते उन्होंने नेत्र मूँद लिये। तभी अचानक धूनी की लपटें तेजी से ऊपर उठने लगीं। यह देख आसपास के भक्तगण घबरा गए। उन्होंने हल्ला मचाया, पर बाबा निश्चल बैठे थे। वे समाधि में लीन थे।

देखते-ही देखते वे लपटें और भी तेज हो उठीं और छत तक जा पहुँचीं। चारों ओर 'भागो-भागो' का स्वर गूँज उठा। अधिकतर लोग अपने प्राणों के मोह से भागे, किंतु बाबा के अंतरंग भक्तों के लिए तो उनके प्राणों का अधिक मोल था। वे बाबा के पास ही खड़े रहे, यद्यपि उस आग को बुझाने का साहस उनमें भी नहीं था।

अचानक बाबा ने आँखें खोलीं और आसपास का दृश्य देखा। ऊँची उठती लपटों को देखकर बोले, "अग्नि, शांत हो जा। अभी शांत हो जा अग्नि!"

उनके इतना कहते ही अग्नि की लपटें शांत हो गईं।

सभी यह देखकर आश्चर्य में पड़ गए कि अग्नि ने बाबा का कहा कैसे मान लिया था! क्या बाबा प्राकृतिक तत्त्वों को नियंत्रित रखने में भी सक्षम थे?

दरअसल, ऐसा अनेक बार हुआ जब लोगों ने बाबा को प्रकृति के विविध रूपों को अपने वश में करते देखा। एक दिन अचानक शिरडी में जोरों की वर्षा होने लगी। बेवक्त की उस बरसात से काफी नुकसान होने की आशंका थी और दूसरी बात यह भी थी कि अधिकतर लोग उस समय अपने खेतों में थे। उनके घर व सामान की हानि हो सकती थी। धीरे-धीरे वर्षा तूफान में बदल गई। अनेक लोग तो इसी वर्षा के कारण खेतों से घर की ओर नहीं जा पा रहे थे। जिसे जहाँ जगह मिली, वहीं शरण ले ली।

कुछ लोग भागे-भागे द्वारिकामाई पहुँचे और बाबा से सहायता की गुहार लगाई। छोटे मकानों के छप्पर उड़ गए थे। पशु-पक्षी यहाँ-वहाँ भाग रहे थे। चारों ओर त्रहि-त्राहि मची थी। साईं हाथ में सटका लेकर मसजिद के द्वार पर खड़े हो गए और दीवार पर सटका मारकर चिल्लाए, "अरे तूफान! शांत हो जा!"

साईं दीवार पर सटका मार-मारकर चिल्लाते रहे। ऐसा जान पड़ता था कि आसमान को उस खराब मौसम के लिए बाबा से फटकार पड़ रही हो। कुछ

ही देर में तूफान थम गया। देखते-ही-देखते धूप निकल आई।

इन दोनों ही घटनाओं ने प्रमाणित कर दिया कि बाबा प्राकृतिक तत्त्वों को भी नियंत्रित कर सकते थे, किंतु उन्होंने कभी ऐसी किसी बात की हामी नहीं दी। यदि कोई कौतूहलवश पूछता भी तो वे विनम्र भाव से मुसकराकर रह जाते।

चिड़िया भक्त की खिचड़ी

साईं की लीलाएँ वास्तव में अद्‌भुत थीं। वास्तव में कोई नहीं जान पाता था कि उनके किस कार्य का कब और क्या औचित्य होता था? जब कोई अंतरंग शिष्य स्नेहवश कुछ पूछता, तभी उसे अनुमान हो पाता कि बाबा के उक्त व्यवहार का क्या अर्थ था।

ऐसे ही एक बार बुरहानपुर की एक चिड़िया नामक महिला को सपने में बाबा ने दर्शन दिए और भिक्षा में खिचड़ी की माँग की। महिला ने उठकर अपने पति को इस विषय में बताया और पति-पत्नी ने निश्चय कर लिया कि वे एक दिन बाबा के दर्शन करने अवश्य जाएँगे।

धार्मिक स्वभाव के दंपती ने अपना यह संकल्प याद रखा और जब पति का स्थानांतरण अकोला हुआ तो दोनों ने शिरडी आने का कार्यक्रम बनाया। वे गोमती तीर्थ होते हुए शिरडी आ गए और बाबा के पूजन से स्वयं को धन्य-धन्य माना। निःसंदेह वे प्रतिदिन बाबा के दर्शन व पूजन में मग्न थे, किंतु अभी तक बाबा को खिचड़ी का नैवेद्य अर्पित करने का संयोग नहीं बन पा रहा था।

एक दिन चिड़िया ने बड़े ही स्नेह से खिचड़ी पकाई और दृढ़ निश्चय करके चली कि चाहे जो हो जाए, बाबा को भोग लगाकर ही लौटेगी। उसे वहाँ पहुँचते-पहुँचते देर हो गई, पता चला कि बाबा अन्य भक्तों के साथ भोजन के लिए बैठ चुके हैं। कमरे का परदा गिरा था और प्रायः परदा गिरा देने के बाद वहाँ किसी को भी प्रवेश की अनुमति नहीं दी जाती थी।

चिड़िया ने किसी बात की परवाह नहीं की। वह अपना थाल लेकर सीधा बाबा के कक्ष में जा पहुँची। सभी भक्त 'हैं-हैं' करने लगे और वे उसे वहाँ से हटाने के लिए तत्पर हो गए। बाबा के सामने प्रतिदिन की भाँति तरह-तरह के भोजन परोस दिए गए थे।

वे उसी समय शामा से बोले, "शामा! आज तो मुझे खिचड़ी खाने की ही इच्छा हो रही है।"

उस महिला के हाथ में खिचड़ी का ही थाल था। भक्तों के मना करते-

करते वह आगे बढ़ी और थाल को बाबा के सामने रख दिया। वे अपने सामने खिचड़ी देखकर हर्षित हो उठे और शामा को देख बोले, "देखा! सच्चे मन से माँगो तो अल्लाह सबकुछ देता है। ये माँ कितने स्नेह से मेरे लिए खिचड़ी बना लाई और मैं आज खिचड़ी ही खाना चाहता था।"

यह कहकर बाबा ने खिचड़ी का भोग लगाया और उस दिन नाना व्यंजनों से भरा थाल यों ही रखा रह गया। महिला भक्त की आँखों से प्रेमाश्रुओं की धारा प्रवाहित हो रही थी। क्या उस दिन सचमुच बाबा को खिचड़ी खाने की इच्छा थी या उन्होंने अपनी भक्त का मान रखने के लिए यह सब किया था?

दामू के आम

बाबा के भक्त समय-समय पर किसी-न-किसी रूप में भेंट भेजते ही रहते थे। जो लोग स्वयं आ सकते थे, वे अपनी भेंट साथ ले आते और जिनका आना संभव न हो पाता, वे किसी दूसरे भक्त के हाथों बाबा को अपना स्नेहोपहार भिजवा देते। बाबा बड़े ही स्नेह से उपहार ग्रहण करते और उसे तत्क्षण वहाँ उपस्थित भक्तों के बीच वितरित करवा देते। वे अपने लिए उसमें से कुछ भी बचाकर नहीं रखते थे। वे सही मायनों में एक सच्चे फकीर थे।

एक बार एक भक्त ने गोवा से 300 आमों का एक पार्सल भेजा। आम बहुत अच्छी किस्म के और मीठे थे। शामा से कहा गया कि सभी आम भक्तों के बीच बाँट दे। बाबा ने उनमें से दो आम दामू अण्णा के लिए निकालकर रख लिये। वे बाबा के भक्तों में से थे। दो विवाह होने के बाद भी जो संतान सुख से वंचित थे। उन्होंने ज्योतिषियों से जन्मकुंडली पढ़वाई और स्वयं भी ज्योतिष शास्त्र के ज्ञान के आधार पर यह जान लिया था कि अपने पापग्रहों के कारण वे कभी संतान का मुख नहीं देख सकेंगे। वे संतान की आस छोड़ बैठे थे, इसलिए उन्होंने कभी बाबा से इस बारे में कहा ही नहीं।

बाबा तो अंतर्यामी थे। चाहे उनसे कुछ कहो या न कहो, वे तो सब जानते हैं। उन्होंने उस दिन वे दो आम दामू को देते हुए कहा, "बाकी लोग तो आमों के लिए चक्कर लगा रहे हैं, किंतु ये दामू के हैं। इसे ही खाकर मरने दो।"

यह सुनते ही दामू का दिल टूट गया। उसे लगा कि बाबा उसे मृत्यु का शाप दे रहे हैं। तब म्हालसापति ने समझाया, "मूर्ख! बाबा के वचनों का मर्म तुम अभी नहीं समझ सकते। उन्होंने मृत्यु शब्द का प्रयोग अहंकार के विनाश के लिए किया है। तुम्हारे लिए तो ये आम किसी आशीर्वाद से कम नहीं हैं।

तुम इन्हें सच्चे मन से ग्रहण करो।''

जैसे ही दामू ने आम खाने की चेष्टा की तो बाबा बोले, ''अब तुम इन्हें मत खाओ। जाओ, अपनी छोटी स्त्री को खिला दो। उसके घर संतान सुख की प्राप्ति होगी।''

दामू तो चकित रह गया। साईं ने उसके मन की व्यथा जान ली थी। साईं ने भाग्य के विधान को पलट दिया। ज्योतिषियों का कहा भी असत्य सिद्ध हुआ और सभी ग्रह-दशाओं की बाधाएँ पार कर दामू के यहाँ पुत्र-पुत्रियों ने जन्म लिया।

साईं का आशीर्वाद पाया चीते ने

साईं के महासमाधि लेने से कुछ दिन पहले की घटना है, द्वारिकामाई में प्रतिदिन की भाँति आने-जानेवालों का ताँता लगा था। भक्त अपने बाबा की एक झलक पाने के लिए बड़े ही धैर्य से बैठे थे। दूर-दूर से आनेवाले भक्त मन में जाने कितनी मनोकामनाएँ लेकर आए थे।

उन्हीं दिनों शिरडी में एक सर्कस आया हुआ था। वे लोग एक चीते का भी खेल दिखाते थे। वह चीता उनके सर्कस का मुख्य आकर्षण था। लोग उस जंगली जानवर को पालतू पशु की तरह आज्ञापालन करते देख आश्चर्यचकित हो जाते।

कुछ दिन से चीता किसी अनजाने रोग से पीड़ित था। वह पीड़ा से जोर-जोर से चिल्लाता और अगर उसे तमाशा दिखाने के लिए मजबूर किया जाता तो वह चिढ़कर हिंसक व्यवहार करने लगता। सर्कस के मालिकों ने साईं का नाम सुना तो उन्हें लगा कि हो-न-हो बाबा उनके चीते को ठीक कर देंगे।

उस दिन बाबा के दर पर जंजीरों से बँधा चीता देख सभी एक-दूसरे से पूछने लगे कि यहाँ पशु का क्या काम! चीता अपने आसपास लगी भीड़ देख और भी भड़क गया और खूब दहाड़ा। साईं भी आवाज सुनकर बाहर आ गए। हैरानी की बात तो यह हुई कि उन्हें देखते ही चीते की दहाड़ बंद हो गई। घबराए व भयभीत लोगों ने चैन की साँस ली। सीधे-सरल ग्रामीणों को तो इस बात का डर अधिक था कि कहीं चीता जंजीरों से छूट गया तो उन्हें ही खा जाएगा।

साईं ने चीते के सिर पर प्यार से हाथ रखकर कहा, ''बेटा, मैं तेरी तकलीफ समझता हूँ, पर हम उसके हुक्म के आगे विवश हैं।''

चीते की आँखों से आँसू टपकने लगे और वह बाबा के चरणों में एक

पालतू कुत्ते की तरह लोट गया। कुछ क्षण बाद उसने जोर की एक दहाड़ मारी और फिर निश्चेष्ट हो गया। मालिकों ने चीते को निश्चल पड़ा देखा तो उसके पास गए और पाया कि वह तो भगवान् को प्यारा हो चुका था।

वे लोग अपने प्रिय पशु की मौत पर बिलखने लगे तो साईं बोले, "तुम रोओ मत। तुम अनुमान भी नहीं लगा सकते कि वह कितने कष्ट व पीड़ा भोग रहा था। उसने मरकर निर्वाण पा लिया। अब वह किसी भी योनि में जन्म नहीं पाएगा। उसकी मौत का शोक मत करो।"

चीते के मालिकों ने चीते के शव को ले जाने का प्रबंध किया और बाबा के चरणस्पर्श कर कहा, "बाबा! हमें इस बात का संतोष है कि वह जंगली पशु जाते-जाते आपका आशीर्वाद पा गया। उसने आपके चरणों में अंतिम श्वास ली। उससे अधिक बड़भागी और कौन होगा?"

उपस्थित भक्तगण भी बाबा की जय-जयकार करने लगे।

छिपकली बहन का प्रेम

कभी-कभी ऐसा भी होता था कि बाबा कुछ नहीं कहते थे। वे गहन ध्यान में चले जाते और आसपास बैठे अंतरंग भक्त उसी मौन के बीच उनकी उपस्थिति का आनंद लेते। ऐसे ही कुछ क्षणों के बीच किर्र-किर्र की ध्वनि से सबका ध्यान बँट गया। उन्होंने यहाँ-वहाँ देखा तो दीवार पर एक छिपकली बड़ी तेजी से घूमती हुई आवाजें निकालती दिखाई दी।

प्राय: ग्रामीण अंचल में छिपकली का ऐसा स्वर सुनना अपशुकन माना जाता है। वे लोग शंकित भाव से स्वर सुनते हुए सोचने लगे कि छिपकली आनेवाली किस अनहोनी का संकेत दे रही है।

तभी बाबा ने नेत्र खोले और उनके चिंतामग्न चेहरों को देख कारण पूछा। एक बोला, "साईं! देखिए न, यह छिपकली किस तरह किटकिटा रही है। कहते हैं कि इसका स्वर सुनना अपशुकन होता है।"

साईं तो पशु-पक्षियों की भी भाषा जानते थे। वे बोले, "क्या तुम यह नहीं जानते कि ये भी इस बोली में बातचीत करते हैं। उनकी बातचीत मनुष्य के लिए अपशुकनी कैसे हुई?"

"अच्छा बाबा! क्या यह सच है?"

भक्तों के चेहरे पर अब भी अविश्वास के भाव थे।

साईं ने एक से पूछा, "जब तुम्हारा भाई तुमसे मिलने आता है तो तुम्हारे मन की क्या दशा होती है। तुम आपस में कैसे मिलते हो?"

"हाँ बाबा! मेरा भाई दूसरे गाँव में रहता है। जब कभी छठे-छमासे मिलना होता है तो मन झूम उठता है। दिल करता है कि नाच उठूँ। अपनों से मिलने की खुशी ही निराली होती है।"

बाबा बोले, "वही तो, दीवार पर किटकिट करती छिपकली भी इस समय यही तो कर रही है। औरंगाबाद से इसकी बहन मिलने आनेवाली है और यह उसी पूर्वाभास के कारण उमगती फिर रही है।"

भक्त बाबा की बात सुनकर इसे एक उपहास ही समझे और सभी हँसने लगे। इसी बीच बातचीत का विषय बदला और साईं दूसरे विषय पर प्रवचन देने लगे।

कुछ ही देर में उनसे मिलने औरंगाबाद से एक भक्त आया। आहट सुनकर सबका ध्यान उसकी ओर चला गया, क्योंकि वे सब मसजिद के प्रांगण में ही बैठे थे। उस व्यक्ति ने अपने भूखे घोड़े को चारा देने के लिए बोरा उतारा तो उसमें से अचानक एक छिपकली निकली और दीवार पर घूम रही छिपकली के पास जा पहुँची। बाबा और भक्त उसी ओर देख रहे थे, इसलिए उन्होंने स्वयं दोनों छिपकलियों को आपस में मिलते देखा।

वे बड़े ही स्नेह से एक-दूसरे से मिलीं और ऐसे आवाजें निकालने लगीं मानो बहुत दिन बाद हुलसकर एक-दूसरे का हाल जान रही हों। बाबा ने मुसकराकर नेत्र मूँद लिये और उपस्थित भक्तगण यही सोचते रह गए कि बाबा ने सुदूर औरंगाबाद से आ रही छिपकली के बारे में कैसे जाना? क्या वे पशुओं की भाषा जानते हैं या सर्वज्ञ से कुछ भी छिपा नहीं रहता!

दो बकरों की कथा

एक बार बाबा लेंडी बाग से लौट रहे थे। उन्होंने बकरों के एक झुंड को वहाँ से आते हुए देखा। उसमें से दो बकरों को देख उन्होंने उन्हें खरीदने की इच्छा प्रकट की। बकरेवाला बोला, "इन बकरों को सोलह रुपए से कम में नहीं बेचूँगा। एक बकरे के सोलह रुपए लगेंगे।"

बाबा ने तत्काल बत्तीस रुपए निकाले और बकरे खरीद लिये। शामा व तात्या आदि आसपास ही थे। उन्हें यह देखकर बड़ा बुरा लगा कि बकरेवाले ने बाबा को ठग लिया है, क्योंकि उस समय एक बकरा तीन या चार रुपए में

ही मिल जाता था।

भक्तों के कोसने पर उन्होंने कहा, "मेरे घर में कौन से बाल-बच्चे भूखे बैठे हैं, जो मैं किसी के लिए संचय करूँगा?"

बाबा ने उसी समय बाजार से चार सेर दाल मँगाकर बकरों को खिलाई और बैठकर स्नेह से उनकी पीठ थपथपाते रहे। जब बकरों का पेट भर गया तो उन्होंने उन्हें मालिक को ही लौटा दिया। जब वह व्यक्ति अपने बकरे लेकर चला गया तो बाबा ने उनके पूर्वजन्म की कथा सुनाते हुए कहा—

"पिछले जन्म में दोनों ही बकरे सगे भाई थे। पहले तो ये आपस में बहुत प्रेम करते थे किंतु बाद में उनका प्रेम वैमनस्य में बदल गया। वे एक-दूसरे से शत्रुता रखने लगे। बड़े भाई की तुलना में छोटा मेहनती था। बड़े भाई ने उसे मारने तक की योजना बना ली। कई बार कोशिश भी की किंतु असफल रहा। दोनों भाई भूल गए थे कि उन्होंने एक ही माँ की कोख से जन्म पाया है। वे एक-दूसरे के खून के प्यासे थे। एक दिन बड़े भाई ने खीझकर छोटे भाई पर लाठी से प्रहार किया। छोटे ने अपनी प्राणरक्षा के लिए उस पर कुल्हाड़ी दे मारी। परिणामवश दोनों ही मारे गए और बकरे की योनि को प्राप्त हुए। जब वे मेरे पास से निकले तो मुझे याद आया कि दोनों ही पूर्वजन्मों के पापों का फल भोग रहे हैं, इसलिए उनके संतप्त मन को थोड़ी शांति देने के लिए मैंने उन्हें खरीदा और उनका पेट भरने के लिए दाल भी मँगाई। भला तुम लोग यह सब मर्म कहाँ जान सकते हो। अब बोलो, क्या मैंने कोई घाटे का सौदा किया था। हमें न केवल मनुष्यों के लिए बल्कि इस धरती पर जन्म लेनेवाले प्रत्येक प्राणीमात्र के प्रति दया व करुणा का भाव रखना चाहिए।"

❑

साईं के अमृत वचन

जो मुझे अत्यधिक प्रेम करता है, वो सदैव मेरा दर्शन पाता है। उसके लिए मेरे बिना सारा संसार ही सूना है। वह केवल मेरा ही लीलागान करता है, वह सतत मेरा ही ध्यान करता है और सदैव मेरा ही नाम जपता है। जो पूर्ण रूप से मेरी शरण में आ जाता है और सदा मेरा ही स्मरण करता है, अपने ऊपर उसका यह ऋण उसे मैं मुक्ति प्रदान करके चुका दूँगा। जो मेरा चिंतन करता है और मेरा प्रेम ही जिसकी भूख-प्यास है तथा जो पहले मुझे अर्पित किए बिना कुछ भी नहीं खाता, मैं उसके अधीन हूँ। जो इस प्रकार मेरी शरण में आता है, वह मुझसे मिलकर उसी तरह एकाकार हो जाता है, जिस तरह नदियाँ समुद्र में मिलकर तदाकार हो जाती हैं। अतएव महत्ता और अहंकार का सर्वथा त्याग कर, तुम्हें मेरे प्रति, जो तुम्हारे हृदय में आसीन है, पूर्ण रूप से समर्पित हो जाना चाहिए।

★★★

मैं को खोजने के लिए तुम्हें अधिक दूर जाने की आवश्यकता नहीं है। तुम्हारे नाम और आकार से परे, मैं तुम्हारे अंतःकरण और समस्त प्राणियों में चैतन्य स्वरूप में विद्यमान हूँ और यही 'मैं' का स्वरूप है। ऐसा समझकर तुम अपने और समस्त प्राणियों में मेरा ही दर्शन करो। यदि तुम इसका नित्यप्रति अभ्यास करोगे तो तुम्हें मेरी सर्वव्यापकता का शीघ्र अनुभव हो जाएगा और मेरे साथ अभिन्नता प्राप्त हो जाएगी।

मैं तुम्हें भाग्यशाली तभी मानूँगा, जब तुम्हारे सभी दुष्कर्म जलकर नष्ट हो जाएँगे, पाप-पुण्य राख हो जाएँगे और जब मैं तुम्हारी बगल में झोली देखूँगा।

मैं केवल तभी तुम्हें सौभाग्यशाली मानूँगा, जब तुम माया के कारण उत्पन्न ऐंद्रिक विषय-वासनाओं को तुच्छ जानकर त्याग दोगे और समस्त पदार्थों से विरक्त होकर भगवद्भक्ति की ओर अग्रसर होगे। इसके फलस्वरूप आशाओं व इच्छाओं के बंधन से तुम मुक्त हो जाओगे।

जब विषय-पदार्थों के प्रति आसक्ति को त्याग दोगे और अपने व दूसरे में भेदभाव को सर्वथा अयोग्य मानोगे, जब तुम जिह्वा और उत्पन्न करनेवाले शरीर के अंगों पर नियंत्रण करने योग्य हो जाओगे, तब मैं तुम्हें सौभाग्यशाली मानूँगा।'

✶✶✶

अविद्या से देह से लगाव बढ़ता है और फिर इस लगाव से मानसिक और शारीरिक व्याधियाँ उत्पन्न होती हैं। शरीर के साथ यह लगाव ही व्यक्ति को नियमों—यह उचित है अथवा अनुचित भाव—की ओर अग्रसर करता है। यही आत्म-साक्षात्कार में रुकावट है।

तुम मुझसे पूछ सकते हो कि अभी मैं कहाँ हूँ या तुमसे कैसे मिल सकता हूँ। लेकिन मैं तो तुम्हारे बहुत ही समीप, तुम्हारे ही हृदय में विराजमान हूँ। मैं तुमसे बिना कष्ट के भेंट कर सकता हूँ।

तब तुम कहोगे कि हृदय में निवास करनेवाला कौन और कैसा है? उसके क्या लक्षण हैं और उसके क्या चिह्न हैं, जिससे हम उसे पहचान सकते हैं?

इसलिए ध्यानपूर्वक इस स्पष्ट वर्णन को सुनो कि तुम्हारे हृदय में निवास करनेवाला कौन है, जिसकी शरण में तुम्हें जाना चाहिए।

यह सृष्टि विभिन्न नामवाले नाना प्रकार के रूपों से भरी हुई है, जिनकी गणना कोई नहीं कर सकता। यह सब माया के भिन्न-भिन्न स्वरूप हैं।

ऐसी आत्मा जो सत्त्व, रज और त्रिगुणों से परे हो जाती है, वही हृदय में निवास करनेवाले को प्रकाशित करती है।

नाम और रूप के अलावा जो 'तू' बच जाता है, वही हृदय में निवास करनेवाले का लक्षण है। उसको जानो और उसकी शरण में जाओ।

जब तुम स्वयं को मेरी तरह देखोगे और तुम्हारी इस प्रवृत्ति का विस्तार होगा, तब सभी प्राणी तुम्हारे गुरु में एकाकार हो जाएँगे और तब ऐसा कोई स्थान नहीं रह जाएगा, जहाँ मैं व्याप्त नहीं रहूँगा।

ऐसा अभ्यास करते-करते तुम्हें मेरी सर्वव्यापकता की अनुभूति होगी। तब तुम मेरे साथ समरस हो जाओगे। तब तुम पावन गंगा के जल को स्पर्श किए बिना उसमें स्नान कर पाओगे।

✶✶✶

प्राकृतिक कर्मों के अभिमान के कारण दृढ़ बंधन की उत्पत्ति होती है, इसलिए

ज्ञानी अपने चित्त को सदैव सावधान रखते हैं और इसके पाश में नहीं फँसते।

जो आत्मा में दृढ़ता से स्थिर है और जरा भी विचलित नहीं होता, ऐसे व्यक्ति को समाधि में लीन होने या उससे बाहर निकलने की कोई आवश्यकता नहीं होती।

यदि मैं किसी से एक रुपया दक्षिणा लेता हूँ तो उसे दस गुना लौटाया करता हूँ। मैं हर किसी से दक्षिणा नहीं माँगता। जिसकी ओर फकीर इंगित करते हैं, उससे ही दक्षिणा लेता हूँ। और यह फकीर भी केवल उसी से माँगता है, जो गत जन्म का ऋणी होता है। जब ऐसा दानी देता है तो वह भविष्य में सुंदर बीज अच्छी उपज का बीजारोपण करता है।

धनवान के लिए धन का उपयोग तभी हितकारी है, अगर वह धर्मोपार्जन व दान के निमित्त हो, क्योंकि धार्मिक रूप से आचरण और दान ही सच्चा ज्ञान है।

✶✶✶

मुझ पर पूर्ण विश्वास रखो। यद्यपि मैं देहत्याग भी कर दूँगा, परंतु फिर भी मेरी अस्थियाँ आशा और विश्वास का संचार करती रहेंगी।

केवल मैं ही नहीं, मेरी समाधि भी तुमसे वार्त्तालाप करेगी। जो अनन्य भाव से मेरे शरणागत होंगे, उनके साथ वह चलेगी-फिरेगी और उन्हें आशा का संदेश पहुँचाती रहेगी।

निराश न होना कि मैं तुमसे विदा हो जाऊँगा। तुम सदैव मेरी अस्थियों को भक्तों के कल्याणार्थ चिंतित ही पाओगे।

केवल विश्वासभरे अंतःकरण से स्मरण करो। निष्काम भाव से मेरा भजन करो, अवश्य ही तुम्हारा कल्याण होगा।

जो कोई भी तुम्हारे पास आए, उसका स्वागत कर आदरपूर्वक व्यवहार करो। प्यासे को जल, क्षुधा-पीड़ित को भोजन, नंगे को वस्त्र और निराश्रय को सहारा दो। इससे श्रीहरि प्रसन्न होंगे।

यदि कोई तुमसे द्रव्य की याचना करे और तुम्हारी देने की इच्छा न हो, तो न दो; परंतु उसके साथ कुत्ते के समान व्यवहार मत करो।

मैं और तू का द्वैत भाव ही गुरु और शिष्य के बीच की दीवार है। जब तक इसका नाश नहीं होगा, तब तक अभिन्नता प्राप्त करना संभव नहीं है।

अल्लाह मालिक-अल्लाह मालिक अर्थात् ईश्वर ही सर्वशक्तिमान हैं और उसके सिवा और कोई संरक्षणकर्ता नहीं है। उसकी कार्यप्रणाली अलौकिक, अनमोल और कल्पना से परे है।

जो वे चाहेंगे केवल वही होगा, वे स्वयं ही अपना मार्ग दिखाएँगे। जब समय आएगा, तब बिना एक क्षण विलंब किए हमारी सभी इच्छाएँ पूरी होंगी।

★★★

धैर्य ही सबूरी है, इसे कभी मत छोड़ो। जब कभी तुम मुश्किल में पड़ोगे तो यह तुम्हें सुरक्षित पार उतार देगा।

सबूरी ही पाप, ताप और दैत्यता का निवारण करती है। यही यश प्राप्त करवाती है। सबूरी सद्‌गुणों की खान है; उत्तम सद्‌विचारों की रानी है। निष्ठा इसकी बहन है, जो एक-दूसरे को प्राणों से भी अधिक प्रिय हैं।

जिसका मन दिन-रात देहाभिमान और विषय-चिंतन में ग्रस्त हो, उस पर गुरु का उपदेश व्यर्थ जाता है और वह सांसारिक तथा आध्यात्मिक जीवन में असफल ही रहता है।

जो अपने हृदय को शुद्ध किए बिना ही अध्यात्म के मार्ग पर चलने की कोशिश करता है, वह अपने ज्ञान का आडंबर करता है। वास्तव में वह प्रयत्न फलरहित होता है।

इसलिए केवल उतना ही बोलो, जो रुचिकर लगे; केवल उतना ही खाओ, जितना पचाया जा सके, नहीं तो बदहजमी हो जाती है। यह सभी जानते हैं। मेरा खजाना पूर्ण है और मैं प्रत्येक की इच्छानुसार उसकी पूर्ति कर सकता हूँ; परंतु मुझे पात्र की योग्यता-अयोग्यता का भी ध्यान रखना पड़ता है।

मेरा भक्त चाहे एक हजार कोस की दूरी पर ही क्यों न हो, वह शिरडी की ओर ऐसा खिंचा चला आता है, जैसे धागे से बँधी चिड़िया खिचकर स्वयं आ जाती है।

(—श्री साईं सच्चरित्र से साभार)

साईं बाबा के ग्यारह वचन

- जो शिरडी में आएगा।
  आपद दूर भगाएगा॥

- चढ़े समाधि की सीढ़ी पर।
  पैर तले दुःख की पीढ़ी कर॥

- त्याग शरीर चला जाऊँगा।
  भक्त हेतु दौड़ा आऊँगा॥

- मन में रखना दृढ़ विश्वास।
  करे समाधि पूरी आस॥

- मुझे सदा जीवित ही जानो।
  अनुभव करो सत्य पहचानो॥

- मेरी शरण आ खाली जाए।
  हो कोई तो मुझे बताए॥

- जैसा भाव रहा जिस जन का।
  वैसा रूप हुआ मेरे मन का॥

- भार तुम्हारा मुझ पर होगा।
  वचन न मेरा झूठा होगा॥

- आ सहायता लो भरपूर।
  जो माँगा वह नहीं है दूर॥

- मुझमें लीन वचन मन काया।
  उसका ऋण न कभी चुकाया॥

- जन्म जन्म वह भक्त अनन्य।
  मेरी शरण तज जिसे न अन्य॥

❑

श्री साईंनाथ अष्टोत्तरशतनामावलि

(1) ***ॐ श्री साईंनाथाय नमः***

ॐ श्री साईंनाथ को प्रणाम।

(2) ***ॐ लक्ष्मीनारायणाय नमः***

ॐ श्री साईंनाथ को प्रणाम, जो श्री लक्ष्मीनारायण हैं।

(3) ***ॐ कृष्णरामशिवमारुत्यादिरूपाय नमः***

ॐ श्री साईंनाथ को प्रणाम, जो कृष्ण, राम, शिव, मारुति आदि के रूप हैं।

(4) ***ॐ शेषशायिने नमः***

ॐ श्री साईंनाथ को प्रणाम, जो शेषनाग पर शयन करनेवाले अर्थात् विष्णु के अवतार हैं।

(5) ***ॐ गोदावरीतटशीलधीवासीने नमः***

ॐ श्री साईंनाथ को प्रणाम, जो गोदावरी के तट पर बसी शीलधी (शिरडी का प्राचीन नाम) के वासी हैं।

(6) ***ॐ भक्तहृदयालयाय नमः***

ॐ श्री साईंनाथ को प्रणाम, जिनका वास भक्तों के हृदय में है।

(7) ***ॐ सर्वहृन्निलयाय नमः***

ॐ श्री साईंनाथ को प्रणाम, जिनका वास सभी के हृदय में है।

(8) ***ॐ भूतावासाय नमः***

ॐ श्री साईंनाथ को प्रणाम, जो सभी प्राणियों में बसते हैं।

(9) ***ॐ भूतभविष्यद्भाववर्जिताय नमः***

ॐ श्री साईंनाथ को प्रणाम, जिन्होंने भूत और भविष्य के भाव को त्याग दिया है अर्थात् वे भूत और भविष्य से परे हैं।

(10) ***ॐ कालातीताय नमः***

ॐ श्री साईंनाथ को प्रणाम, जो काल से भी परे हैं।

(11) ***ॐ कालाय नमः***

ॐ श्री साईंनाथ को प्रणाम, जो स्वयं ही अनंतकाल हैं।

(12) ***ॐ कालकालाय नमः***

ॐ श्री साईंनाथ को प्रणाम, जो काल के भी काल हैं, यानी अमरत्व के स्वामी हैं।

(13) ***ॐ कालदर्पदमनाय नमः***

ॐ श्री साईंनाथ को प्रणाम, जो काल यानी यम के घमंड का नाश करते हैं।

(14) ***ॐ मृत्युञ्जयाय नमः***

ॐ श्री साईंनाथ को प्रणाम, जो मृत्यु को जीतनेवाले हैं।

(15) ***ॐ अमर्त्याय नमः***

ॐ श्री साईंनाथ को प्रणाम, जो अमर्त्य हैं यानी अमरत्व को प्राप्त हैं।

(16) ***ॐ मर्त्याभयप्रदाय नमः***

ॐ श्री साईंनाथ को प्रणाम, जो मृत्यु के भय से रक्षा करनेवाले हैं।

(17) ***ॐ जीवाधाराय नमः***

ॐ श्री साईंनाथ को प्रणाम, जो सभी जीवों के आधार हैं।

(18) ***ॐ सर्वाधाराय नमः***

ॐ श्री साईंनाथ को प्रणाम, जो सभी के आधार हैं।

(19) ***ॐ भक्तावनसमर्थाय नमः***

ॐ श्री साईंनाथ को प्रणाम, जो भक्तों की रक्षा करने में सर्वथा समर्थ हैं।

(20) ***ॐ भक्तावनप्रतिज्ञाय नमः***

ॐ श्री साईंनाथ को प्रणाम, जिन्होंने भक्तों की रक्षा करने का संकल्प लिया है।

(21) ***ॐ अन्नवस्त्रदाय नमः***

ॐ श्री साईंनाथ को प्रणाम, जो अन्न तथा वस्त्र के दाता हैं।

(22) ***ॐ आरोग्यक्षेमदाय नमः***

ॐ श्री साईंनाथ को प्रणाम, जो आरोग्य तथा कल्याण को देनेवाले हैं।

(23) ***ॐ धनमांगल्यप्रदाय नमः***

ॐ श्री साईंनाथ को प्रणाम, जो धन और मांगल्य प्रदान करनेवाले हैं।

(24) ***ॐ ऋद्धिसिद्धिदाय नमः***
ॐ श्री साईंनाथ को प्रणाम, जो ऋद्धि और सिद्धि को देनेवाले हैं।

(25) ***ॐ पुत्रमित्रकलत्रबन्धुदाय नमः***
ॐ श्री साईंनाथ को प्रणाम, जो पुत्र, मित्र, पत्नी, बंधु आदि सांसारिक संबंधों को देनेवाले हैं।

(26) ***ॐ योगक्षेमवहाय नमः***
ॐ श्री साईंनाथ को प्रणाम, जो योग और क्षेम दोनों की जिम्मेदारी का वहन करनेवाले हैं। (जो भक्तों को प्राप्त नहीं है, उसकी प्राप्ति का नाम 'योग' है और जो वे प्राप्त कर चुके हैं उसकी रक्षा करने का नाम 'क्षेम' है।)

(27) ***ॐ आपद्बांधवाय नमः***
ॐ श्री साईंनाथ को प्रणाम, जो आपत्ति में पड़े हुए लोगों के सहायक हैं।

(28) ***ॐ मार्गबन्धवे नमः***
ॐ श्री साईंनाथ को प्रणाम, जो जीवन के मार्ग में बंधु हैं।

(29) ***ॐ भुक्तिमुक्तिस्वर्गापवर्गदाय नमः***
ॐ श्री साईंनाथ को प्रणाम, जो सांसारिक वैभव का भोग, मोक्ष, स्वर्गिक आनंद और अंतिम उत्सर्ग को देनेवाले हैं।

(30) ***ॐ प्रियाय नमः***
ॐ श्री साईंनाथ को प्रणाम, जो प्रिय हैं।

(31) ***ॐ प्रीतिवर्धनाय नमः***
ॐ श्री साईंनाथ को प्रणाम, जो प्रीति को बढ़ानेवाले हैं।

(32) ***ॐ अन्तर्यामिणे नमः***
ॐ श्री साईंनाथ को प्रणाम, जो अंतर्यामी अर्थात् हृदय की बात को जाननेवाले हैं।

(33) ***ॐ सच्चिदात्मने नमः***
ॐ श्री साईंनाथ को प्रणाम, जो सत् और शुद्ध चैतन्य स्वरूप हैं।

(34) ***ॐ नित्यानन्दाय नमः***
ॐ श्री साईंनाथ को प्रणाम, जो शाश्वत आनंद हैं।

(35) ***ॐ परमसुखदाय नमः***
ॐ श्री साईंनाथ को प्रणाम, जो परम सुख के प्रदाता हैं।

(36) ***ॐ परमेश्वराय नमः***

ॐ श्री साईंनाथ को प्रणाम, जो परमेश्वर हैं।

(37) ***ॐ परब्रह्मणे नमः***

ॐ श्री साईंनाथ को प्रणाम, जो परब्रह्म हैं।

(38) ***ॐ परमात्मने नमः***

ॐ श्री साईंनाथ को प्रणाम, जो परमात्मा हैं।

(39) ***ॐ ज्ञानस्वरूपिणे नमः***

ॐ श्री साईंनाथ को प्रणाम, जो ज्ञान के स्वरूप हैं।

(40) ***ॐ जगतः पित्रे नमः***

ॐ श्री साईंनाथ को प्रणाम, जो संपूर्ण जगत् के पिता हैं।

(41) ***ॐ भक्तानां मातृधातृपितामहाय नमः***

ॐ श्री साईंनाथ को प्रणाम, जो भक्तों के लिए माता, पालन करनेवाले पिता और पितामह हैं।

(42) ***ॐ भक्ताभयप्रदाय नमः***

ॐ श्री साईंनाथ को प्रणाम, जो भक्तों को अभय देनेवाले हैं अर्थात् अपने संरक्षण में भयरहित रहते हैं।

(43) ***ॐ भक्तपराधीनाय नमः***

ॐ श्री साईंनाथ को प्रणाम, जो भक्तों के हेतु पराधीन हैं अर्थात् उनकी भक्ति के अधिकार में हैं।

(44) ***ॐ भक्तानुग्रहकातराय नमः***

ॐ श्री साईंनाथ को प्रणाम, जो भक्तों पर अनुग्रह या कृपा करने के लिए सदैव उत्कंठित रहते हैं।

(45) ***ॐ शरणागतवत्सलाय नमः***

ॐ श्री साईंनाथ को प्रणाम, जो अपनी शरण में आए हुए भक्तों पर वात्सल्य भाव रखनेवाले हैं।

(46) ***ॐ भक्तिशक्तिप्रदाय नमः***

ॐ श्री साईंनाथ को प्रणाम, जो भक्ति और शक्ति के प्रदाता हैं।

(47) ***ॐ ज्ञानवैराग्यदाय नमः***

ॐ श्री साईंनाथ को प्रणाम, जो ज्ञान और वैराग्य के प्रदाता हैं।

(48) ***ॐ प्रेमप्रदाय नमः***

ॐ श्री साईंनाथ को प्रणाम, जो प्रेम प्रदान करनेवाले हैं।

(49) ***ॐ संशयहृदयदौर्बल्यपापकर्मवासनाक्षयकराय नमः***

ॐ श्री साईंनाथ को प्रणाम, जो संशय, हृदय या विचारों की दुर्बलता, पापकर्म और वासनाओं का नाश करनेवाले हैं।

(50) ***ॐ हृदयग्रन्थिभेदकाय नमः***

ॐ श्री साईंनाथ को प्रणाम, जो मन और विचारों में पड़ी हुई ग्रंथियों यानी उलझनों को खोल देनेवाले हैं।

(51) ***ॐ कर्मध्वंसिने नमः***

ॐ श्री साईंनाथ को प्रणाम, जो कर्मों से होनेवाले प्रभाव को नष्ट करते हैं अर्थात् उससे मुक्त करते हैं।

(52) ***ॐ शुद्धसत्त्वस्थिताय नमः***

ॐ श्री साईंनाथ को प्रणाम, जो शुद्ध और सत्व पर संस्थापित हैं।

(53) ***ॐ गुणातीतगुणात्मने नमः***

ॐ श्री साईंनाथ को प्रणाम, जो सभी गुणों से परे हैं और सभी गुणों से परिपूर्ण भी हैं।

(54) ***ॐ अनन्तकल्याणगुणाय नमः***

ॐ श्री साईंनाथ को प्रणाम, जो अनंत कल्याणकारी गुणों वाले हैं।

(55) ***ॐ अमितपराक्रमाय नमः***

ॐ श्री साईंनाथ को प्रणाम, जिनके पराक्रम की कोई सीमा नहीं है।

(56) ***ॐ जयिने नमः***

ॐ श्री साईंनाथ को प्रणाम, जो स्वयं ही जय हैं।

(57) ***ॐ दुर्धर्षक्षोभ्याय नमः***

ॐ श्री साईंनाथ को प्रणाम, जो दुर्धर्ष को, यानी अत्यंत कठिन को भी सरल करनेवाले हैं।

(58) ***ॐ अपराजिताय नमः***

ॐ श्री साईंनाथ को प्रणाम, जो अपराजित हैं, यानी विजित नहीं किए जा सकते।

(59) ***ॐ त्रिलोकेषु अविघातगतये नमः***

ॐ श्री साईंनाथ को प्रणाम, तीनों लोकों में जिनकी अबाध गति है।

(60) ***ॐ अशक्यरहिताय नमः***

ॐ श्री साईंनाथ को प्रणाम, कुछ भी जिनकी शक्ति से बाहर नहीं है अर्थात् ऐसा कुछ नहीं, जो वे न कर सकें।

(61) ***ॐ सर्वशक्तिमूर्तये नमः***

ॐ श्री साईंनाथ को प्रणाम, जो संपूर्ण शक्ति के स्वरूप हैं।

(62) ***ॐ सुरूपसुन्दराय नमः***

ॐ श्री साईंनाथ को प्रणाम, जो शोभायमान रूपवाले और सुंदर हैं।

(63) ***ॐ सुलोचनाय नमः***

ॐ श्री साईंनाथ को प्रणाम, जो सुंदर नेत्रवाले हैं।

(64) ***ॐ बहुरूपविश्वमूर्तये नमः***

ॐ श्री साईंनाथ को प्रणाम, जो अनेक रूपों में दिखलाई पड़नेवाले जगत् के ही साकार रूप हैं।

(65) ***ॐ अरूपाव्यक्ताय नमः***

ॐ श्री साईंनाथ को प्रणाम, सब रूपों में विराजने के कारण जिनका अपना कोई भी विशिष्ट रूप नहीं हैं और इसीलिए वे अव्यक्त हैं।

(66) ***ॐ अचिन्त्याय नमः***

ॐ श्री साईंनाथ को प्रणाम, जो अचिंत्य हैं, यानी जो चिंतन की सीमा से भी परे हैं।

(67) ***ॐ सूक्ष्माय नमः***

ॐ श्री साईंनाथ को प्रणाम, जो सूक्ष्म हैं।

(68) ***ॐ सर्वान्तर्यामिणे नमः***

ॐ श्री साईंनाथ को प्रणाम, जो सभी के अंतर्मन को जाननेवाले हैं।

(69) ***ॐ मनोवागतीताय नमः***

ॐ श्री साईंनाथ को प्रणाम, जो मन और वाणी से परे हैं।

(70) ***ॐ प्रेममूर्तये नमः***

ॐ श्री साईंनाथ को प्रणाम, जो प्रेम के साकार रूप हैं।

(71) ***ॐ सुलभदुर्लभाय नमः***

ॐ श्री साईंनाथ को प्रणाम, जो अत्यंत सुगमता से मिल जाते हैं, लेकिन जिन्हें पाना अत्यंत कठिन है।

(72) ***ॐ असहायसहायाय नमः***

ॐ श्री साईंनाथ को प्रणाम, जो असहायों के सहायक हैं।

(73) ***ॐ अनाथनाथदीनबन्धवे नमः***

ॐ श्री साईंनाथ को प्रणाम, जो अनाथों के नाथ और दीनों के बंधु हैं।

(74) *ॐ सर्वभारभृते नमः*
ॐ श्री साईंनाथ को प्रणाम, जो सभी का भार वहन करनेवाले हैं।

(75) *ॐ अकर्मानेककर्मसुकर्मिणे नमः*
ॐ श्री साईंनाथ को प्रणाम, जो कर्मों के बंधन से परे हैं, इसीलिए जिन्हें कोई कर्म करने की आवश्यकता नहीं, फिर भी वे संसार के कल्याण हेतु अनेक सुकर्मों को करनेवाले हैं।

(76) *ॐ पुण्यश्रवणकीर्तनाय नमः*
ॐ श्री साईंनाथ को प्रणाम, जिनके बारे में सुनना तथा जिनकी लीलाओं को कहना ही पुण्य है।

(77) *ॐ तीर्थाय नमः*
ॐ श्री साईंनाथ को प्रणाम, जो स्वयं ही तीर्थ हैं।

(78) *ॐ वासुदेवाय नमः*
ॐ श्री साईंनाथ को प्रणाम, जो श्री वासुदेव हैं और सब तरफ, सब समय सबको घेरे हैं।

(79) *ॐ सन्ता गतये नमः*
ॐ श्री साईंनाथ को प्रणाम, जो सज्जनों के गंतव्य हैं।

(80) *ॐ सत्परायणाय नमः*
ॐ श्री साईंनाथ को प्रणाम, जो सर्वथा सत्य का पालन करनेवाले हैं।

(81) *ॐ लोकनाथाय नमः*
ॐ श्री साईंनाथ को प्रणाम, जो लोक के स्वामी हैं।

(82) *ॐ पावनानघाय नमः*
ॐ श्री साईंनाथ को प्रणाम, जो पावन और निष्कलुष हैं।

(83) *ॐ अमृतांशवे नमः*
ॐ श्री साईंनाथ को प्रणाम, जो चंद्रमा के समान मधुर हैं।

(84) *ॐ भास्करप्रभाय नमः*
ॐ श्री साईंनाथ को प्रणाम, जो सूर्य के समान प्रभावाले हैं।

(85) *ॐ ब्रह्मचर्यतपश्चर्यादिसुव्रताय नमः*
ॐ श्री साईंनाथ को प्रणाम, जो ब्रह्मचर्य, तपश्चर्य आदि सुव्रतों में स्थित हैं।

(86) *ॐ सत्यधर्मपरायणाय नमः*
ॐ श्री साईंनाथ को प्रणाम, जो सत्य और धर्म का पालन करनेवाले हैं।

(87) ***ॐ सिद्धेश्वराय नमः***

ॐ श्री साईंनाथ को प्रणाम, जो सभी सिद्धियों के स्वामी हैं।

(88) ***ॐ सिद्धसंकल्पाय नमः***

ॐ श्री साईंनाथ को प्रणाम, जिनका संकल्प सर्वथा सिद्ध है।

(89) ***ॐ योगेश्वराय नमः***

ॐ श्री साईंनाथ को प्रणाम, जो परमयोगी हैं।

(90) ***ॐ भगवते नमः***

ॐ श्री साईंनाथ को प्रणाम, जो श्री भगवान् हैं।

(91) ***ॐ भक्तवत्सलाय नमः***

ॐ श्री साईंनाथ को प्रणाम, जो भक्तों से वात्सल्य रखनेवाले हैं।

(92) ***ॐ सत्पुरुषाय नमः***

ॐ श्री साईंनाथ को प्रणाम, जो सत्पुरुष हैं।

(93) ***ॐ पुरुषोत्तमाय नमः***

ॐ श्री साईंनाथ को प्रणाम, जो पुरुषोत्तम हैं।

(94) ***ॐ सत्यतत्त्वबोधकाय नमः***

ॐ श्री साईंनाथ को प्रणाम, जो सत्य के तत्त्व का बोध करानेवाले हैं।

(95) ***ॐ कामादिषड्वैरिध्वंसिने नमः***

ॐ श्री साईंनाथ को प्रणाम, जो काम, क्रोध, लोभ, मोह, द्वेष, मत्सर्य—जैसे छह विकारों का नाश करनेवाले हैं।

(96) ***ॐ अभेदानन्दानुभवप्रदाय नमः***

ॐ श्री साईंनाथ को प्रणाम, जो ईश्वर से पृथकता मिट जाने पर होनेवाले परम आनंद की अनुभूति को देनेवाले हैं।

(97) ***ॐ समसर्वमतसन्मताय नमः***

ॐ श्री साईंनाथ को प्रणाम, जो सभी धर्मों की समानता के मत को स्थापित करनेवाले हैं।

(98) ***ॐ श्री दक्षिणामूर्तये नमः***

ॐ श्री साईंनाथ को प्रणाम, जो श्री दक्षिणामूर्ति हैं।

(99) ***ॐ श्री वेंकटेशरमणाय नमः***

ॐ श्री साईंनाथ को प्रणाम, जो वेंकटेश से प्रेम करनेवाले हैं। (एक अन्य अर्थ में अपने गुरु श्री वैंकुशा से प्रेम करनेवाले हैं।)

(100) ***ॐ अद्भुतानन्तचर्याय नमः***

ॐ श्री साईंनाथ को प्रणाम, जो अद्भुत और अनंत लीलाओं को करनेवाले हैं।

(101) ***ॐ प्रपन्नार्तिहराय नमः***

ॐ श्री साईंनाथ को प्रणाम, जो शरण में आए लोगों के दुःख का हरण करनेवाले हैं।

(102) ***ॐ संसारसर्वदुःखक्षयकराय नमः***

ॐ श्री साईंनाथ को प्रणाम, जो संसार के सभी दुःखों का नाश करनेवाले हैं।

(103) ***ॐ सर्ववित्सर्वतोमुखाय नमः***

ॐ श्री साईंनाथ को प्रणाम, जो सर्वज्ञ हैं और सर्वत्र विराजमान हैं।

(104) ***ॐ सर्वान्तर्बहिःस्थिताय नमः***

ॐ श्री साईंनाथ को प्रणाम, जो सभी के अंदर और बाहर व्याप्त हैं।

(105) ***ॐ सर्वमंगलकराय नमः***

ॐ श्री साईंनाथ को प्रणाम, जो सबका मंगल करनेवाले हैं।

(106) ***ॐ सर्वाभीष्टप्रदाय नमः***

ॐ श्री साईंनाथ को प्रणाम, जो सभी इच्छाओं को पूर्ण करनेवाले, यानी अभीष्ट प्रदान करनेवाले हैं।

(107) ***ॐ समरससन्मार्गस्थापनाय नमः***

ॐ श्री साईंनाथ को प्रणाम, जो समभाव और सन्मार्ग, यानी सत्य मार्ग की स्थापना करनेवाले हैं।

(108) ***ॐ श्री समर्थसद्गुरु साईंनाथाय नमः***

ॐ श्री समर्थ सद्गुरु साईंनाथ को प्रणाम है।

❑

साईं बाबा की आरतियाँ

काकड आरती

उठा उठा (भूपाळी)

(श्री कृ.जा. भीष्म)

उठा उठा श्री साईंनाथ गुरु चरणकमल दावा।
आधि-व्याधि भवताप वारुनी तारा जडजीवा ॥ धृ. ॥

हे श्री गुरु साईंनाथ, उठिए, हमें अपने चरण-कमलों के दर्शन दीजिए। हमारे समस्त मानसिक व शारीरिक कष्टों और सांसारिक क्लेशों का हरण करके हम देहधारी जीवों का तारण करिए।

गेली तुम्हां सोडूनिया भवतमरजनी विलया।
परि ही अज्ञानासी तुमची भुलवि योगमाया ॥

सांसारिक अज्ञानरूपी अंधकार आपको छोड़ चुका है, परंतु हम अज्ञानी लोगों को आपकी योगमाया भ्रम में डाल रही है।

शक्ति न आम्हां यत्किंचितही तिजला साराया।
तुम्हीच तीते सारूनि दावा मुख जन ताराया ।चा. ॥

हममें इस माया को दूर करने की किंचित् भी क्षमता नहीं, इसीलिए आप इस माया के परदे को हटाकर लोगों को तारने के लिए अपना मुखदर्शन दीजिए।

भो साईंनाथ महाराज भवतिमिरनाशक रवी।
अज्ञानी आम्ही किती तुम्हीच तव वर्णावी थोरवी।
ती वर्णिता भागले बहुवदनि शेष विधि कवी ॥ चा. ॥

हे साईंनाथ महाराज, आप इस संसार के अंधकार को नष्ट करनेवाले सूर्य हैं।

हम अज्ञानी हैं, हम आपकी महिमा का क्या बखान करें। अनेक शीर्षवाले आदिशेष[1], ब्रह्मा और प्रशस्त कवि भी जिसका बखान करते थक गए हैं।

सकृप होउनि तुमचा तुम्हीच वदवावा॥ 1॥

आधि-व्याधि''उठा उठा''

कृपा करके आप ही अपनी महिमा का बखान हमसे करवा लीजिए।

भक्त मनी सद्भाव धरुनि जे तुम्हां अनुसरले।

ध्यायास्तव ते दर्शन तुमचे द्वारि उभे ठेले॥

अपने मन में सद्भाव लेकर जिन भक्तों ने आपका अनुसरण किया, वे भक्तजन दर्शन पाने हेतु आपके द्वार पर खड़े हैं।

ध्यानस्था तुम्हांस पाहूनी मन अमुचे धाले।

परि त्वद्वचनामृत प्राशायाते आतुर झाले॥ चा.॥

हम आपको ध्यान में स्थित पाकर आनंद-विभोर हैं, परंतु आपके वचनों का अमृत पीने के लिए आतुर भी हैं।

उघडूनी नेत्रकमला दीनबन्धु रमाकांता।

पाही बा कृपादृष्टी बालका जशी माता।

रंजवी मधुरवाणी हरी ताप साईंनाथ॥ चा.॥

हे दीनों के बंधु, रमाकांत[2] अपने नेत्रकमल खोलकर हम पर वैसी ही कृपादृष्टि डालिए, जैसी माँ अपने बच्चे को देती है। हे साईंनाथ, आपकी मधुर वाणी हमें आनंद-विभोर करती है और हमारे समस्त कष्ट व संताप हर लेती है।

आम्हीच अपुले काजास्तव तुज कष्टवितो देवा।

सहन करिशिल ते ऐकुनि द्यावी भेट कृष्ण धावा॥ 2॥

आधि-व्याधि''उठा उठा''

हे देव, हम अपनी परेशानियों से आपको बहुत कष्ट पहुँचाते हैं, फिर भी उन्हें सुनते ही वे सारे कष्ट सहकर आप दौड़कर आइए, ऐसी कृष्ण (कृ.जा. भीष्म—रचनाकार) की आपसे विनती है।

हे श्री गुरु साईंनाथ उठिए''

---

1. सहस्र फनोंवाले शेषनाग। श्री विष्णु क्षीरसागर में इसी शेषनाग की शैय्या पर शयन करते हैं।
2. रमा, यानी लक्ष्मी के पति श्री विष्णु

रहम नजर (पद)
(संतकवि दासगणू)

साईं रहम नजर करना, बच्चों का पालन करना ॥ धृ. ॥

हे साईं, हम पर अपनी दया-दृष्टि रखना और हम बच्चों का पालन करना।

जाना तुमने जगत्पसारा, सबही झूठ जमाना

॥ साईं रहम'' ॥ 1 ॥

हमने यह जान लिया कि आपसे ही यह जगत् फैला हुआ है बाकी सबकुछ छलावा है।

मैं अंधा हूँ बंदा आपका, मुझको प्रभु दिखलाना

॥ साईं रहम'' ॥ 2 ॥

मैं आपका सेवक, अज्ञान से अंधा हूँ, मुझे ईश्वर की राह दिखलाना।

दास गनू[1] कहे अब क्या बोलूँ, थक गई मेरी रसना

॥ साईं रहम'' ॥ 3 ॥

दासगणू कहते हैं, 'अब मैं आपकी महिमा और क्या कहूँ, मेरी तो वाणी भी थक गई है।'

रहम नजर (पद)
(संतकवि दासगणू)

रहम नजर करो, अब मोरे साईं,
तुम बिन नहीं मुझे माँ-बाप-भाई ॥ धृ. ॥

हे साईं! अब मुझ पर अपनी दया-दृष्टि डालिए,
आपके सिवाय और कोई मेरे माँ, पिता या भाई नहीं हैं।

मैं अंधा हूँ बंदा तुम्हारा।
मैं ना जानूँ अल्ला-इलाही ॥ रहम नजर'' ॥ 1 ॥

मैं तो आपका अज्ञानी सेवक हूँ,
मैं अल्ला-इलाही को क्या जानूँ।

खाली जमाना मैंने गमाया।
साथी आखर का किया न कोई ॥ रहम नजर'' ॥ 2 ॥

---

1. श्री साईंबाबा के भक्त संतकवि दासगणू

मैंने इस जीवन में अपना समय व्यर्थ ही गँवाया और जो आखिर तक साथ दे, ऐसा कोई साथी (सद्‌गुरु) नहीं किया।

अपने मशीद का झाड़ू गणू है।

मालिक हमारे तुम बाबा साईं॥ रहम नजर… ॥ 3 ॥

दासगणू तो अपनी मसजिद (द्वारकामाई) का झाड़ू है। हे बाबा साईं, आप ही हमारे मालिक हैं। रहम नजर करिए…

माध्याह्न आरती

आरती साईंबाबा
(श्री माधवराव आडकर)

आरती साईंबाबा। सौख्यदातार जीवा। चरणरजातली

द्यावा दासा विसावा, भक्ता विसावा॥ आ… ॥ धृ.॥

हम साईंबाबा की आरती करें, जो सभी जीवों को सुख देनेवाले हैं। हे बाबा, हम दासों और भक्तों को आप अपनी चरण धूलि का आश्रय दीजिए। हम साईंबाबा की आरती… ।

जाळुनिया अनंग। स्वस्वरूपी राहे दंग।

मुमुक्षुजन दावी। निज डोळा श्रीरंग॥ 1 ॥ आ… ॥

काम और इच्छाओं को जलाकर आप आत्मरूप में लीन हैं। हे साईं, मुमुक्षुजनों अर्थात् मुक्ति की कामना करनेवाले अपने नेत्रों से आपके श्रीरंग[1] स्वरूप का दर्शन करें अर्थात् आप उन्हें आत्म साक्षात्कार दीजिए। हम साईंबाबा की आरती… ।

जया मनी जैसा भाव। तया तैसा अनुभव।

दाविसी दयाघना। ऐसी तुझी ही माव॥ 2 ॥ आ… ॥

जिसके मन में जैसा भाव हो, उसे आप वैसा ही अनुभव देते हैं। हे दयाघन[2] साईं, आपकी ऐसी ही माया है। हम साईंबाबा की आरती… ।

तुमचे नाम ध्याता। हरे संसृतिव्यथा।

अगाध तव करणी। मार्ग दाविसी अनाथा॥ 3 ॥ आ… ॥

आपके नाम के स्मरण मात्र से ही सांसारिक व्यथाओं का अंत हो जाता है। आपकी करनी तो अगाध और अपरंपार है। हे साईं, आप हम अनाथों को राह

---

1. विष्णु, 2. दया बरसानेवाले बादल

दिखलाइए। हम साईंबाबा की आरती··· ।

कलियुगी अवतार। सगुणब्रह्म साचार।
अवतीर्ण झालासे। स्वामी दत्त दिगंबर॥ 4 ॥ आ··· ॥

आप ही परब्रह्म हैं, जिसने सगुण रूप में इस कलियुग में अवतार लिया। हे स्वामी, आप ही दत्त दिगंबर[1] के रूप में अवतरित हुए। हम साईंबाबा की आरती··· ।

आठां दिवसा गुरुवारी। भक्त करिती वारी।
प्रभुपद पहावया। भवभय निवारी॥ 5 ॥ आ··· ॥

हर आठवें दिन अर्थात् सप्ताह के हर गुरुवार को भक्त शिरडी की यात्रा करते हैं और इस संसार के भय निवारण हेतु आपके चरणों के दर्शन करते हैं। हम साईंबाबा की आरती··· ।

माझा निजद्रव्य ठेवा। तव चरणरजसेवा।
मागणे हेचि आता। तुम्हां देवाधिदेवा॥ 6 ॥ आ··· ॥

आपके चरणों की धूल की सेवा ही मेरी समस्त निधि है। हे देवों के देव, अब यही मेरी कामना है। हम साईंबाबा की आरती··· ।

इच्छित दीन चातक। निर्मल तोय निजसुख।
पाजावें माधवा या। सांभाळ आपुली भाक॥ 7 ॥ आ··· ॥

जिस प्रकार चातक को (स्वाति नक्षत्र के) निर्मल वर्षा-जल के सुख की अभिलाषा होती है, वैसे ही इस माधव (रचनाकार) को भी निर्मल ज्ञान की भीख देकर सँभालिए और अपनी महिमा से अनुग्रहीत कीजिए।

❖

धूप आरती

श्री गुरुप्रसाद याचना

(श्री बा.वी. देव–'बाबांचे बाळ')

रुसो मम प्रियांबिका, मजवरी पिताही रुसो।
रुसो मम प्रियांगना, प्रियसुतात्मजाही रुसो।
रुसो भगिनि बंधुही, श्वशुर सासुबाई रुसो।
न दत्तगुरु साईं मा, मजवरी कधींही रुसो॥ 1 ॥

1. ब्रह्मा, विष्णु और महेश का एकात्मक रूप—श्री दत्तात्रेय

चाहे मेरी प्रिय माँ मुझसे रूठ जाए, चाहे मेरे पिता ही रूठ जाएँ। चाहे मेरी प्रिय पत्नी या मेरे प्रिय पुत्र-पुत्री ही रूठ जाएँ। चाहे मेरे बहन-भाई, सास-ससुर मुझसे रूठ जाएँ। लेकिन हे दत्तगुरु, मेरी साईं माँ, आप मुझसे कभी भी मत रूठना।

पुसो न सूनबाई त्या, मज न भ्रातृजाया पुसो।
पुसो न प्रिय सोयरे, प्रिय सगे न ज्ञाती पुसो॥
पुसो सुहृद न सखा, स्वजन नाप्तबंधू पुसो।
परी न गुरु साईं मा, मजवरी कधींही रुसो॥ 2॥

चाहे मेरी बहू, मेरे भाई की पत्नी मुझे न पूछें। चाहे मेरे प्रिय सगे-संबंधी मुझे न पूछें। चाहे मेरे भले मित्र या मेरे अपने लोग मुझे न पूछें। लेकिन हे गुरु साईं माँ, आप मुझसे कभी न रूठना।

पुसो न अबला मुले, तरुण वृद्धही ना पुसो।
पुसो न गुरु धाकुटे, मज न थोर साने पुसो॥
पुसो नच भले-बुरे, सुजन साधुही न पुसो।
परी न गुरु साईं मा, मजवरी कधींही रुसो॥ 3॥

चाहे मुझे औरत-बच्चे, वृद्ध-युवक न पूछें। चाहे मुझे बड़े-छोटे, महान् या तुच्छ न पूछें। भले ही मुझे भले-बुरे, सज्जन-साधु न पूछें। लेकिन हे गुरु साईं, आप मुझसे कभी न रूठना।

रुसो चतुर तत्त्ववित्, विबुध प्राज्ञ ज्ञानी रुसो।
रुसोही विदुषी स्त्रिया, कुशल पंडिताही रुसो॥
रुसो महिपती यती, भजक तापसीही रुसो।
न दत्तगुरु साईं मा, मजवरी कधींही रुसो॥ 4॥

चाहे मुझसे चतुर, लोग, वेद तत्त्व के ज्ञाता, विद्वान् अथवा ज्ञानी रूठ जाएँ। चाहे मुझसे ज्ञानी और बुद्धिमती स्त्रियाँ या कुशल पंडित रूठ जाएँ। चाहे मुझसे राजा, संन्यासी, भक्त या तपस्वी रूठ जाएँ। लेकिन हे दत्तगुरु, मेरी साईं माँ, आप मुझसे कभी न रूठना।

रुसो कवि ऋषी मुनी, अनघ सिद्ध योगी रुसो।
रुसो हि गृहदेवता, नि कुलग्रामदेवी रुसो॥
रुसो खल पिशाच्चही, मलिन डाकिनीही रुसो।
न दत्तगुरु साईं मा, मजवरी कधींही रुसो॥ 5॥

चाहे मुझसे कवि, ऋषि, मुनि, अनघ सिद्ध, योगी रूठ जाएँ। चाहे मुझसे गृहदेवता, कुलदेवी या ग्रामदेवी रूठ जाएँ। चाहे मुझसे दुष्ट पिशाच और दुरात्माएँ

रूठ जाएँ। लेकिन हे दत्तगुरु, मेरी साईं माँ, आप मुझसे कभी भी मत रूठना।

रुसो मृग खग कृमी, अखिल जीवजंतु रुसो।
रुसो विटप प्रस्तरा, अचल आपगाब्धी रुसो॥
रुसो ख पवनाग्नि, वार अवनि पंचतत्त्वे रुसो।
न दत्तगुरु साईं मा, मजवरी कधींही रुसो॥ 6॥

चाहे मुझसे पशु, पक्षी, कृमि या समस्त जीवजंतु रूठ जाएँ। चाहे मुझसे पेड़, पत्थर, पहाड़, नदियाँ, सागर रूठ जाएँ। चाहे आकाश, वायु, अग्नि, जल, धरती—सभी पंचतत्त्व मुझसे रूठ जाएँ। लेकिन हे दत्तगुरु, मेरी साईं माँ, आप मुझसे कभी न रूठना।

रुसो विमल किन्नरा, अमल यक्षिणीही रुसो।
रुसो शशि खगादिही, गगनि तारकाही रुसो॥
रुसो अमरराजही, अदय धर्मराजा रुसो।
न दत्तगुरु साईं मा, मजवरी कधींही रुसो॥ 7॥

चाहे विमल किन्नर, जो स्वर्ग में वाद्यगान करते हैं, मुझसे रूठ जाएँ या सुंदर यक्षिणियाँ रूठ जाएँ। चाहे चंद्र, सूर्य या आकाश के अन्य नक्षत्र या तारे मुझसे रूठ जाएँ। चाहे अमर इंद्रराज, निर्मम धर्मराज[1] मुझसे रूठ जाएँ। लेकिन हे दत्तगुरु, मेरी साईं माँ, आप मुझसे कभी न रूठना।

रुसो मन सरस्वती, चपलचित्त तेही रुसो।
रुसो वपु दिशाखिला, कठिण काल तोही रुसो॥
रुसो सकल विश्वही, मयि तु ब्रह्मगोल रुसो।
न दत्तगुरु साईं मा, मजवरी कधींही रुसो॥ 8॥

चाहे मेरा मन और वाणी मुझसे रूठ जाएँ या चंचल चित्त मुझसे रूठ जाए। चाहे मेरा शरीर या दसों दिशाएँ मुझसे रूठ जाएँ। चाहे सशक्त काल ही मुझसे रूठ जाए। चाहे समस्त विश्व, ब्रह्मांड मुझसे रूठ जाए। लेकिन हे दत्तगुरु, मेरी साईं माँ, आप मुझसे कभी न रूठना।

विमूढ म्हणूनी हसो, मज न मत्सराही डसो।
पदाभिरुचि उल्हसो, जननकर्दमी न फसो॥
न दुर्ग धृतिचा धसो, अशिवभाव मागे खसो।
प्रपंचि मन हे रुसो, दृढ़ विरक्ति चित्ती ठसो॥ 9॥

1. यमराज

चाहे लोग मुझे मूर्ख कहकर मेरा उपहास करें, लेकिन ईर्ष्या व मत्सर्य मुझे न डसे। ईश्वर के चरणों में मेरा प्रेम हो, मेरा मन जन्म-मृत्यु के बंधनों में न फँसे। मेरे धैर्य का किला कभी न गिरे, मुझमें किसी के प्रति बुरा भाव न आए। प्रपंच से मैं दूर हो जाऊँ, विरक्ति का भाव मेरे हृदय में दृढ़ता से बस जाए।

कुणाचिहि घृणा नसो, न च स्पृहा कशाची असो।
सदैव हृदयीं वसो, मनसि ध्यानिं साईं वसो॥
पदी प्रणय वोरसो, निखिल दृश्य बाबा दिसो।
न दत्तगुरु साईं मा, उपरि याचनेला रुसो॥ 10॥

मुझमें किसी के प्रति घृणा भाव न आए, मेरे मन में किसी प्रकार की कामनाएँ व इच्छाएँ न रहें। मेरे हृदय, मन और ध्यान में हे साईं, केवल आप ही रहें। आपके चरणों के प्रति मेरा प्रेम बढ़े, मैं जहाँ देखूँ बाबा मुझे आप ही दिखाई दें। हे दत्तगुरु, मेरी साईं माँ, यह ऊपर कही हुई मेरी याचना को कभी न ठुकराना।

शेज आरती

जय जय साईंनाथ

(श्री कृ.जा. भीष्म)

जय-जय साईंनाथ आता पहुडावे मंदिरी हो।
आळवितो सप्रेमे तुजला आरती घेउनि करी हो॥
जय-जय साईंनाथ आता पहुडावे मंदिरी हो॥ धृ.॥

जय-जय साईंनाथ, अब आप मंदिर में विश्राम करें।

मैं हाथों में थाली लेकर आपकी सप्रेम आरती उतारता हूँ और ऐसी विनती करता हूँ कि हे साईंनाथ, अब आप मंदिर में विश्राम करें।

जय-जय साईंनाथ अब...।

रंजविसी तू मधुर बोलुनी माय जशी निज मुला हो।
भोगिसी व्याधी तूच हरूनिया निज सेवक दुःखाला हो।
धावुनि भक्तव्यसन हरिसी दर्शन देसी त्याला हो।
झाले असतील कष्ट अतीशय तुमचे या देहाला हो॥ 1॥
जय...।

जैसे माँ अपने अबोध बालक को बहलाती है, वैसे ही आप अपने भक्तों को

अपने मीठे बोलों से आनंदित करते हो। अपने भक्तों का कष्ट हरने के लिए आप स्वयं उनके कष्टों का भोग अपने पर लेते हो और ऐसे आपदग्रस्त भक्तों की व्याधि व कष्ट के निवारण के लिए आप उन्हें तत्पर दर्शन देते हो। इस तरह उनकी निरंतर देखभाल करने से आपको इस देह में अत्यंत कष्ट हुए होंगे, इसीलिए हे साईंनाथ, अब आप विश्राम करिए।

जय-जय साईंनाथ··· ।

क्षमा शयन सुंदर ही शोभा सुमनशेज त्यावरी हो।
घ्यावी थोडी भक्त जनांची पूजनादि चाकरी हो।
ओवाळितो पंचप्राण ज्योती सुमती करी हो।
सेवा किंकर भक्त प्रीति अत्तर परिमळ वारी हो॥ 2॥
जय··· ॥

आप हमारी क्षमा-प्रार्थना के फूलों से सुशोभित इस सुंदर शैय्या में शयन कीजिए। अपने भक्तजनों के द्वारा पूजन आदि की चाकरी स्वीकार करिए। मैं अपने पंचप्राणों की बातियों को, सुमति की ज्योति जलाकर आप पर न्योछावर करता हूँ। मुझ भक्त की भक्ति ही आपकी तुच्छ सेवा है, उसकी प्रीति ही इत्र है और उसके अश्रु ही निर्मल जल है। हे साईंनाथ, अब आप मंदिर में विश्राम करिए।

सोडुनि जाया दुःख वाटते साईं त्वच्चरणांसी हो।
आज्ञेस्तव तव आशीप्रसाद घेउनि निज सदनासी हो।
जातो आता येऊ पुनरपि त्वच्चरणांचे पाशी हो।
उठवू तुजला साईंमाउले निजहित साधायासी हो॥ 3॥
जय··· ॥ धृ.॥

हे साईं! हमें आपके चरणों को छोड़कर जाने में बहुत दुःख होता है, फिर भी आपके आशीष-प्रसाद लेकर आपकी आज्ञावश हम अपने-अपने घरों को जाते हैं। लेकिन हे साईं माँ, हम अपने ही कल्याण हेतु सुबह आपको जगाने आएँगे। इसीलिए हे साईंनाथ, अब आप मंदिर में विश्राम करिए।

❑❑❑